消費社会の新潮流(ニューウェーヴ)
ソーシャルな視点 リスクへの対応

New Waves in Consumer Society
Social Perspectives, Response to Risks

間々田孝夫［編］
MAMADA Takao

立教大学出版会
〈発売 有斐閣〉

目　次

まえがき …………………………………………………………… I

第1章　倫理的消費者の意識構造 ──────畑山要介────7
　　　　──フェアトレード商品の購入要因の分析を通じて──

1　倫理的消費者とは何者か？ ……………………………………7
2　先　行　研　究 …………………………………………………9
　2.1　フェアトレード商品購入の実態　9
　2.2　倫理的消費をめぐる2つの視点　10
3　仮説とデータ ……………………………………………………12
　3.1　仮　　説　12
　3.2　データと変数　14
4　分析結果 …………………………………………………………15
5　考　　察 …………………………………………………………17
6　展　　開 …………………………………………………………19
7　結　　論 …………………………………………………………20

第2章　グリーンコンシューマリズムの現状 ──寺島拓幸───23
　　　　──高まる環境保護意識と通底する消費主義の狭間で──

1　グリーンコンシューマリズムとコンシューマリズム …………23
2　方　　法 …………………………………………………………26
　2.1　変　　数　26

2.2　分析方法　29
　3　結　　果 ……………………………………………………………31
　　3.1　消費主義尺度の構成　31
　　3.2　グリーンコンシューマリズムへの影響　33
　4　結　　論 ……………………………………………………………35

第3章　社会性の高い消費者の特徴と今後────藤岡真之───39
　　　　──社会的消費者の意識・行動の年代別分析──

　1　問　　題 ……………………………………………………………39
　2　分　　析 ……………………………………………………………41
　　2.1　各変数の年代別分布　42
　　　2.1.1　社会的消費意識と社会的消費行動の分布　42
　　　2.1.2　公共意識と公共行動の分布　44
　　2.2　各変数の年代別規定要因　47
　　　2.2.1　社会的消費意識と社会的消費行動の規定要因　47
　　　2.2.2　公共意識と公共行動の規定要因　49
　3　結　　論 ……………………………………………………………51

第4章　消費主義者の政治問題関心────水原俊博───53
　　　　──私生活化の展開／からの転回？──

　1　問題意識 ……………………………………………………………53
　2　変　　数 ……………………………………………………………55
　　2.1　政治関連変数　55
　　2.2　消費主義的態度　57
　3　分　　析 ……………………………………………………………59
　　3.1　政治関心　59
　　3.2　政治的・社会的問題関心　60

3.3　私的生活関連問題　62
　　3.4　地球環境保護問題　64
4　結　　論 …………………………………………………64

第5章　社会階層による消費水準の差異────廣瀬毅士────67
──消費に社会階層間格差は生じているのか？──

1　消費と社会階層 ……………………………………………67
2　データと分析枠組み ………………………………………69
　　2.1　検証すべき仮説　69
　　2.2　分析に用いた変数　70
3　データ分析の結果 …………………………………………71
　　3.1　社会階層──職業階層地位の分類　71
　　3.2　業務内容に関する創造性の合成指標　73
　　3.3　消費水準の社会階層間格差の分析　73
4　結論と考察 …………………………………………………76

第6章　大都市における社会関係と消費志向────三田知実────79
──友人数に着目した都市消費文化研究──

1　研究の背景と本章の目的 …………………………………79
2　先行研究の動向と本研究の位置づけ ……………………81
　　2.1　消費研究の研究動向　81
　　2.2　都市社会学の研究動向　82
　　2.3　本研究の位置づけ　84
3　分析手法──使用する変数 ………………………………84
　　3.1　独立変数──回答者の友人総数・距離別に聞いた友人数　84
　　3.2　従属変数──消費志向　85
　　3.3　属性項目──女性ダミー変数・年齢・学歴（教育年数）・収入・

　　　　郊外ダミー変数　85
4 友　人　数　……………………………………………………………85
5 従属変数──消費志向　………………………………………………86
6 分　析　結　果　………………………………………………………87
　　6.1　回答者の属性が友人の総数にもたらす効果　87
　　6.2　回答者の属性・友人の総数が消費の志向にもたらす効果　89
　　6.3　回答者の属性・距離別友人数が消費の志向にもたらす効果　91
　　　　6.3.1　友人数が消費の志向にもたらす効果　91
　　　　6.3.2　性別ダミー変数が消費の志向にもたらす効果　92
　　　　6.3.3　回答者の年齢が消費の志向にもたらす効果　92
　　　　6.3.4　回答者本人の収入・世帯の収入・学歴（教育年数）が消費の志向に
　　　　　　　もたらす効果　93
　　　　6.3.5　郊外ダミー変数が消費の志向にもたらす効果　93
　　6.4　分析結果が示していること──まとめ　93
7 結論──本研究の意義と限界　………………………………………94

第7章　「抗リスク消費」と自己充足的消費────本柳　亨────97
　　────リスク社会における「健康リスク」の分析を通じて────

1 はじめに　………………………………………………………………97
　　1.1　問題の所在　97
　　1.2　目的と方法　99
2 リスクの排除不可能性　………………………………………………100
　　2.1　予測不可能なリスク　100
　　2.2　自己の責任に帰せられるリスク　102
　　2.3　健康不安を発生させる条件　105
3 自己充足化する「抗リスク消費」　…………………………………107
　　3.1　ナルシシストとしての内部指向　107
　　3.2　自己充足としての安心　109

3.3　リスクの矮小化　110
　4　結　　論 …………………………………………………… 112

第8章　抗リスク消費の諸類型　　　　　　　鈴木康治　115
　　　――リスク回避に関する消費行為の論理――

　1　は じ め に ………………………………………………… 115
　2　社会的事実としてのリスク ……………………………… 116
　3　リスク概念に関する二分法 ……………………………… 118
　4　「危険」の「リスク」化と消費者 ……………………… 120
　5　抗リスク消費の類型化 …………………………………… 125
　6　結　　論 …………………………………………………… 130

　調 査 概 要 ……………………………………………………… 133
　　1　標本抽出 ………………………………………………… 133
　　2　調査の方法 ……………………………………………… 135
　　3　回収結果 ………………………………………………… 135
　　4　質問項目 ………………………………………………… 137
　　5　研究助成 ………………………………………………… 138

　調査票・単純集計 …………………………………………… 139

　文　　献 ……………………………………………………… 155

　あ と が き …………………………………………………… 165

　事 項 索 引 …………………………………………………… 169

　人 名 索 引 …………………………………………………… 172

執筆者一覧 （執筆順）

間々田孝夫 　編者，まえがき
　　立教大学社会学部教授

畑山要介 　第1章
　　早稲田大学文学学術院助手

寺島拓幸 　第2章
　　文京学院大学人間学部准教授

藤岡真之 　第3章
　　弘前学院大学社会福祉学部講師

水原俊博 　第4章
　　信州大学人文学部准教授

廣瀬毅士 　第5章
　　駒澤大学グローバル・メディア・スタディーズ・ラボラトリ研究員

三田知実 　第6章
　　立教大学社会学部助教

本柳　亨 　第7章
　　学習院女子大学非常勤講師

鈴木康治 　第8章
　　慶應義塾大学経済学部非常勤講師

まえがき

　消費社会への社会学的関心は，日本では1980年代から急速に高まった。
　この時期，消費の非実用的側面に注目する「記号論的消費社会論」（消費記号論）が日本に紹介され，注目を集めた。当時日本では，すでに世界でも有数の豊富な消費生活が実現しており，消費の豊かさよりも，むしろその過剰さのほうが強く感じられるようになっていた。そのような過剰さは，その後，いわゆるバブル経済においてさらに強く感じられることとなった。記号論的消費社会論は，このような現実によく適合しており，消費文化の解釈図式として一定の有効性を発揮するとともに，われわれの消費文化に対する見方を拘束していった。
　しかし1990年代に入り，日本が長期にわたる経済不況に悩まされ，消費の停滞が目立つようになると，記号論的消費社会論に対する関心は，次第に下火になった。そして，記号論的アプローチだけではなく，消費社会に対する関心が全体的に低下する傾向を示した。消費の量的沈滞，バブル経済的な華美な消費の終焉とともに，消費社会研究が何を目指すべきかもわからなくなっていった。
　しかし，この間，消費社会はけっしてその変容を止めることはなかった。1980年代半ばには，地球環境問題が大きな関心を呼ぶようになり，それに対処しようとするグリーンコンシューマリズムやエシカルコンシューマリズムが，1990年代以降広がっていった。それとともに，消費は従来のように私的で没社会的なものではありえないという認識が次第に定着していった。
　1980年代から始まっていた情報革命は，1990年代に，インターネットの発達や携帯電話の普及というかたちで爆発的に拡がり，人びとの消費欲求を，物的消費から情報消費へと大きくシフトさせていった。
　また，アメリカを中心にした消費合理化の動きは，20世紀後半を通じて継続し，従来合理化の進まなかったサービス産業や流通業の分野にも及ぶように

なった。ファストフードや大型ショッピングモールが爆発的に増加し，世界中に広がっていった。G. Ritzer によって名づけられた「マクドナルド化」現象である。

　グローバルな動向に目を向けると，一方ではこのようなマクドナルド化的画一化，共通化の動きが広がったものの，他方では，貿易や資本の自由化，移住の活発化とともに，多様な民族文化が各国で受け入れられ，文化の混交（ハイブリッド化）が生じるようになった。また，伝統的あるいはローカルな消費文化が再生され，復活する動きも見られ，グローバル消費社会は複雑な様相を呈している。

　グローバル化の進展は，同時にさまざまな新しいリスクを生み出し，先進諸国はリスク社会と呼ばれるようになった。そして，身体的安全，健康不安，老化，失業，不慮の事故など，さまざまなリスクに対処しようとする消費を活発化させている。従来，積極的に新しい価値を実現しようとしてきた消費社会は，近年では，リスクへの対応という，いわば消極的価値の実現を目指す傾向を強めている。

　そして，バブル経済崩壊後消費の量的停滞は予想外に長引き，単なる一時的な経済的不調ではなく，「脱物質主義化」という構造的変化によるものとも解釈されるようになった。日本では，「若者の消費離れ」が何年か前から取りざたされるようになり，また，一時期忘れられていたモノ消費からコト消費へという図式が，再びリアリティをもって語られるようになってきた。

　以上のように，消費社会はけっして動きを止めてはおらず，むしろ大きく変化している。

　それにもかかわらず，消費社会について語られることは近年けっして多くなく，その分析視点は定かでなくなっている。従来の消費社会研究は，欧米の理論研究の紹介と，その無批判な適用に終始してきたが，そのような輸入学問的態度が，変動の激しい消費社会のなかで現実との不整合を発生させ，消費社会研究の沈滞を招いてしまったように思われる。

　編者は，かねてからこのような事態を憂い，消費を特定の図式に当てはめて解釈するのではなく，多様な分析視点を併用すべきことを主張してきた。消費社会は上記のように大きく変容しているのだから，それに応じた新しい視点，

アプローチを開発しながら分析を進めなければ，研究は沈滞してしまうのである。

2000年前後から，幸いこのような編者の立場に関心をもつ若手研究者が身辺に集まるようになり，研究グループを形成することができた。あとがきにより詳しく示されているが，われわれはこの10年ほど，一方では新しい視点やアプローチを模索しながら，他方では研究費を獲得して，何度かの調査やフィールドワークを実施し，研究成果を発表してきた。

本書は，そのような研究活動の一環であり，2010年度から2012年度まで3年間にわたって文部科学省科学研究費基盤Bの補助を受けた研究プロジェクト「ポスト・グローバル消費社会の動態分析——脱物質主義化を中心として」の成果をまとめたものである。本書では，この研究費を用いて実施された「多様化する消費生活に関する調査」の分析を中心としているが，一部直接調査とはかかわらない理論研究の成果も含めている。

以下，本書の構成と各章のねらいを紹介することにしよう。

まず第1章から第4章までは，消費の社会性に関する分析を行ったものである。従来，消費はもっぱら私的な関心に基づいて行われるものと考えられてきたが，環境問題ほか現実のさまざまな社会問題が深刻化するにつれ，否応なく社会性をもち，社会的配慮を伴うものとならざるをえなくなった。今のところ，その動きは消費者全体を巻き込むものとはなっていないが，その増勢は疑いえないところであり，その動きを正確にとらえることが，われわれの調査の1つの大きな課題であった。

まず第1章では，フェアトレードについて分析している。フェアトレードはすでに大きな注目を浴びているが，それを消費者の側から分析した研究はけっして十分ではない。そこでこの章では，消費者がどのような意識で，何に動機づけられてフェアトレード製品を消費しているかを分析している。

第2章は，おもに環境に配慮した消費を目指すグリーンコンシューマリズムの動きに焦点をあて，環境配慮型の消費を行っている人びとが，どのような属性をもち，どのような価値観に基づいてそれを行っているのかを分析したものである。

第3章は，より一般的に，社会性の高い，あるいは公共的配慮に基づく消費

に目を向け，それを消費者の年代に注目しつつ分析したものである。その作業を通じて，今後の社会的消費の動きについて，一定の見通しを得ることを目指している。

第4章は，従来社会的・政治的関心から人びとを遠ざけ，私生活に埋没させるものと考えられてきた消費主義（消費に強い関心をもつ生活態度）が，現在でもなおそのような非社会的・非政治的な態度と結びついているかどうかを分析したものである。

そのあとの第5章と第6章は，第4章までとは異なって，従来から社会学に見られた，社会関係や社会的地位が消費に影響を及ぼすという視点に基づいて分析したものである。ただし，その分析においては，これまでとは異なった視点を取り入れている。

第5章は，社会的地位が現在どの程度消費に影響を与えているかを分析したものである。そこでの基本的な問題関心は，社会的地位や階層に関する要因が消費に及ぼす影響はもはや小さくなったとする仮説を，われわれのデータで検証するところにある。

第6章は，都市社会学を主専攻とする著者が，都市における社会関係，とりわけ友人関係が消費志向（おしゃれ意識やブランド志向など）にどのような影響を及ぼすかを分析したもので，とくに友人との地理的距離というユニークな要因に着目している。

第7章と第8章は，リスク社会と言われる現代社会に焦点をあて，リスクと消費の関わりを分析したものである。このテーマについては，執筆者が比較的最近メンバーに加わったという事情があり，調査に慣れていなかったため，調査票設計時点で十分な項目を盛り込むことができなかった。そのため，今後の調査に向けて理論研究を行うこととした。

第7章は，抗リスク消費（リスクに対抗しようとする消費）がどのような性格をもつのかを分析しようとしたものであるが，とくにその「自己充足的」側面，すなわちリスクに抵抗することを自己目的化し，それによって充足感や安心感を得る傾向に焦点をあてている。

第8章は，第7章と同様の側面にも注目しているものの，むしろ抗リスク消費の多様性に着目している。この章では，抗リスク消費を類型化し，そのなか

にリスクの性質と不整合な消費行為を見出すことで，現代の抗リスク消費の問題点を剔出しようとしている。

　以上，内容と分析方法はさまざまであるが，各章はそれぞれ現代消費社会の新局面を捉えようとしたものであり，編者は，近年研究成果の乏しい消費社会研究の分野で大きな意義をもつと確信している。われわれの研究がきっかけとなって，この分野の研究が次第に活性化していくことを祈る次第である。

　　　　　　　　　　　　　　　　　　　編　者　間々田　孝夫

○ 畑山 要介

第1章 倫理的消費者の意識構造
―― フェアトレード商品の購入要因の分析を通じて ――

1 倫理的消費者とは何者か？

　現代消費社会研究において，いまや「倫理的消費」は欠かすことのできない重要な位置を占めるにいたっている。倫理的消費とは，環境や社会に配慮された商品を積極的に選択する消費であり，英米圏では1990年代以降，日本でも2000年代以降，徐々に注目されるようになってきた。ところが，倫理的消費をどのような行為モデルでとらえるべきか，という点に関しては，必ずしも明確なコンセンサスは形成されていない。というのも，一口に倫理的消費と言っても，その消費が行為者当人にとってどのようなことを意味しているかという問題が，まだほとんど問われていないからである。本章では，倫理的消費の1つである「フェアトレード」を取り上げ，その消費に対する1つの理解の可能性を提示することを目指していく。

　フェアトレードとは「発展途上国の生産者に公正な対価を支払う取引」のことであり，日本でも2000年代後半から次第に認知を高めつつある。この取引は，途上国の生産者団体と先進国の販売業者を仲介する団体の組織化，あるいは認証制度の整備によって，取引において生じる中間搾取の排除や最低価格基準の確立を目的としている。フェアトレード商品は，少なくとも途上国の生産者に対する最低基準を保証するものであり，この商品の購入によって途上国に

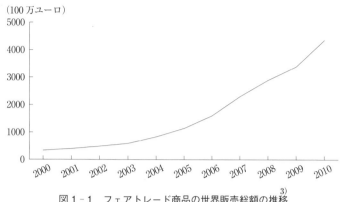

図 1-1 フェアトレード商品の世界販売総額の推移[3]

おける貧困問題の解決に寄与すると考えられる[2]。その意味において，フェアトレード商品の購入は「倫理的消費」の 1 つの典型的パターンであると言えよう。

FLO（国際フェアトレード・ラベル機構）によれば，2010 年におけるフェアトレード商品（ラベル認証商品）の世界販売総額は約 44 億ユーロであり，2000 年代に入ってその販売額を 10 倍以上に伸ばしている。図 1-1 は世界におけるフェアトレード商品の販売額の推移であり，2000 年代中頃から急速にその売上を伸ばしていることが示されている。世界販売総額に占める日本国内の販売額の割合は 1.7%（2008 年）であり，先進工業諸国のなかでは比較的市場規模は小さいが，2007 年以降は毎年 10% 以上の増加率を示している（長坂 2009: 46）。ここから，フェアトレード商品の購入は日本でも急速に市場を拡大させている倫理的消費の 1 つのタイプであると理解することができるだろう。

本章の狙いは，このようなフェアトレードの普及の途上において，消費者はどのような動機づけによってその商品を購入しているのか，という問題に一定の理解を与えることである。というのも，フェアトレード商品の購入者層をめぐる理論的視座はきわめて多様であり，こうした消費者をいかに理解するかということが，1 つの大きな論争を構成しつつあるからである。

たとえば，倫理的消費は購買を通じた政治参加というきわめて強い公共的な規範意識に動機づけられた行動として理解される傾向がある。だが他方では，文化的な欲求に動機づけられている消費主義的な営みだと理解される傾向もあ

[4)]
る。また,さまざまな調査では,消費者の社会的属性や健康・環境配慮意識との関係も示唆されている。

さらに,倫理的な消費行動は消費主義文化への抵抗という文脈でとらえられることも少なくない。たとえば1970,80年代に盛り上がりをみせた「石けん運動」などは,既存の消費社会への抵抗という消費者運動的な要素を強くもっており,その文脈からみれば倫理的消費というものはその性格上,消費主義的文化への対抗軸を提起するものであるとみなされうるだろう。しかし,今日の倫理的消費者がはたしてそのような消費者運動の文脈を背負っているかどうかは定かではない。そうした文脈とは切り離されたまったく別のタイプの消費行動であることも想定されうるだろう。

以上のように,倫理的消費はさまざまな文脈において解釈可能なわけであるが,その一方で,それらが実証的に検討された例はほとんどない。本章では,2010年に実施した「多様化する消費生活に関する調査」のデータに基づいて分析を行い,公共的規範意識と消費主義的意識がそれぞれフェアトレード商品の購入にどれほど影響を与えているのかという問題の検討を試みていく。この試みを通じて,倫理的消費と呼ばれる消費に対する1つの理解の可能性が開かれることになるはずである。

2 先行研究

2.1 フェアトレード商品購入の実態

北米や西欧において,フェアトレード商品の購入が一般的になったのは比較的最近のことである。日本においても,フェアトレードは2000年代後半から次第に認知されるようになり,販売網も徐々に拡大しつつある(長坂 2009: 46)。こうした状況のなかで,フェアトレード商品がどのような消費者層によって購入されているのかを把握する試みが,欧米諸国においても日本国内においても行われている。

イギリス国際開発庁(DFID)は,2008年にイギリスでのフェアトレード商品購入の実態に関する調査を行っている(DFID 2009)。当該調査では,フェアトレード商品の購入率は72%,1年当たりの平均購入回数は12.8回であるこ

とが明らかとなっている。また，その購入には消費者の社会的属性が大きく作用しているとされ，おもに女性，高所得，高学歴といった要因が挙げられている。さらに，その消費者は政治関心や公共意識が高く，市民運動への参加，環境意識や健康意識との相関がみられるとされる。イギリスではフェアトレード運動が従来から政治的革新層によって受容されてきたという事情が反映された結果であると言えよう。だが，近年では若者を中心にさまざまな層に受け入れられ，社会的カテゴリに拘束されないより一般的な消費行動となりつつあるとも報告される。

一方，日本国内においては，日本貿易振興機構（2006）や内閣府編（2009），チョコレボ実行委員会（2009）などにより認知度調査，購入実態調査が行われている。内閣府によれば，2007年におけるフェアトレードの認知度は2.2％であり，チョコレボ実行委員会が示すところによると，2008年における認知度は17.6％となっている。[5]これらの調査では，認知度のほかに，購入者の特徴が女性，ホワイトカラー，中・高所得者層，高学歴層といった属性にあることも示されている（渡辺 2010: 165）。この点はイギリスでの調査結果との類似が見られる。

また，日本貿易振興機構は，フェアトレード商品が日本において「環境や健康に良さそうなもの」としてイメージづけされていることを明らかにし，「堅実な環境配慮＆健康配慮層」に購入される傾向があると論じている（日本貿易振興機構 2006: 80）。これは，フェアトレードがいわゆる「ロハス層」によって受容されつつあるという側面を示唆していると言える。

以上のような実態調査から，フェアトレード商品を購入する消費者像がぼんやりながらも浮き上がってくる。しかし，これらの調査では，消費者の属性や環境・健康配慮意識との関係のみが問題とされ，日常的な社会意識や消費態度との関係は扱われてこなかった。普段の生活において，どのような意識をもっている人がフェアトレード商品を購入しているのかという問題は現在においてはまだ明らかとされていないのである。

2.2 倫理的消費をめぐる２つの視点

フェアトレードを中心とした倫理的消費が，どのような意識要因と結びつい

ているかという問題は，とくにイギリスにおいて活発に議論されている。その議論においては，異なる2つの視点が提示されている。その視点のうちの1つを「消費主義的なものの市民化」として，もう1つを「市民的なものの消費主義化」として表現できる。

　「消費主義的なものの市民化」という視点で倫理的消費をとらえるF. Trentmannは，倫理的消費の登場と普及を「消費者の市民化」という文脈で，すなわち，倫理的消費を高度消費社会からの転回として解釈する。それは，消費という日常的な営みが，諸個人の欲求の充足のためのステータス・シンボルをめぐる象徴闘争として展開されるという私的な性格のものから，社会問題や環境問題の解決のための手段として行使される公共的な性格なものへと変容しつつあるということを意味している（Trentmann 2007: 149）。この議論は，「私的欲求の充足に動機づけられた消費から公共的規範意識に動機づけられた消費へ」という図式を取りながら展開されている。彼は，消費主義と市場原理を乗り越えたこのような消費者像を「市民的消費者（citizen-consumer）」と呼び，かつて二項対立的に理解されていた公共的領域における主体としての「市民」と私的領域における主体としての「消費者」の融合とみなしている（Soper and Trentmann 2008: 12）。

　M. Michelettiも同様に，倫理的消費を消費者の市民化とみなし，それを1990年代以降の大きな社会変容の1つとしてとらえる（Micheletti 2003: 1-36）。持続可能性や消費者の責任といった新しい価値が消費者に受け入れられ，日常的な買い物を通してその価値を体現しようとする試みがごく一般的な傾向となりつつあるのだと彼女は論じている。それは，消費が一種の投票行動として，つまり諸個人の価値観と政治的意見の表明の場として機能するという位相（Shaw, Newholm and Dickinson 2006: 1051）を映し出していると考えられる。

　このような「消費主義的なものの市民化」という議論が展開される一方で，倫理的消費を「市民的なものの消費主義化」としてみなす議論がもう1つの潮流として挙げられる。それらの議論が提示するのは，公共的規範意識に動機づけられて倫理的商品を購入しているのは限られたごく一部の人びとにすぎないという視座である。K. Soperは，「市民的消費者」というTrentmannの枠組みを受け入れながらも，それを動機づけているのは，多くの場合，あくまで諸

個人の私的欲求であると論じる（Soper 2007: 216）。たとえば，フェアトレード商品は，倫理的であると同時にオルタナティブなライフスタイルを提供している。それは，ありきたりな既成品とは異なる独自の世界観を構築するためのツールとして機能していると言える。Soper は，このような他人とは異なる個性的なライフスタイルの構築という欲求こそが倫理的消費の動機づけとなっていると論じる。それはある意味で，消費社会を構成する文化的価値体系に埋め込まれた消費と言ってもいいだろう。

また，M. Varul はフェアトレード商品購入を一種の顕示的消費とみなす（Varul 2008: 187）。彼は，その消費の目的が「倫理的救済（ethical selving）」にあるとし，フェアトレード商品購入が他者のまなざしという審級によって作動するタイプの「市場原理」に可能性が与えられていると論じる。さらに R. Sassatelli は，フェアトレード商品が「倫理的」という記号を巧みに操作することによって売り込まれている側面をとらえ，倫理的消費それ自体が従来型の商業主義の新しい戦略である可能性を示唆している（Sassatelli 2006: 237）。その論理に従うならば，フェアトレードを，倫理的というイメージを用いた「新しい消費手段」（Ritzer［1999］2005＝2009: 29-30）として解釈することもできる。

以上のように，フェアトレードを含む倫理的消費に対する視座は大きく2つにわかれているというのがイギリスにおける研究の現状である。一方，日本においては，それらとは異なる観点から倫理的消費が論じられる傾向もある。たとえば，間々田孝夫は倫理的消費や社会的消費が，一種の「本物志向」と結びついた「真物質主義的消費」である可能性を示唆している（間々田 2005: 262-267）。その意味では，消費主義的な意識のなかでも，品質に対する欲求がフェアトレード商品購入の動機づけとなっている可能性もあるだろう。

3 仮説とデータ

3.1 仮　説

以上で示した先行研究から，フェアトレード商品購入の動機づけに関する7つの仮説が浮かび上がる。それらの仮説構成の体系を示したものが図1-2である。

3 仮説とデータ 13

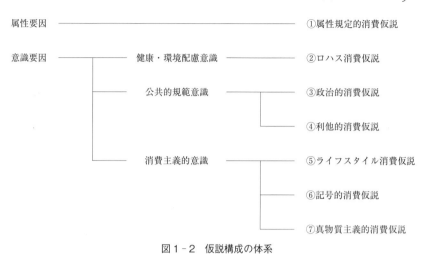

図1-2 仮説構成の体系

　第1の仮説は「属性規定的消費仮説」である。さまざまな実態調査では，性別や社会的・経済的条件がフェアトレード商品購入に影響を与えているとされている。しかし，一方で，欲求段階的な消費理論においては，消費が高度化するほど，その消費行動は経済的・社会的カテゴリよりも精神的なものに影響されるとも考えられている (Inglehart and Welzel 2005: 27)。意識変数を投入した際における属性変数の効果を比較することを通じて，この仮説を検討することができるだろう。
　第2の仮説は「ロハス消費仮説」である。フェアトレード商品は健康や環境に配慮した商品として売り込まれることも多く，消費者もそのような視点からフェアトレード商品をとらえている可能性があるだろう。両者の変数が強い影響をもつとすれば，フェアトレードのもつ本来の含意とは異なる意味がフェアトレード商品に付加されているということになる。
　第3と第4の仮説は「政治的消費仮説」と「利他的消費仮説」である。先行研究から，公共的規範意識を政治的なものと非政治的なものに区別することができるだろう。フェアトレード商品購入が政治的な意見表明として一種の投票行動のようになされているとすれば，その購入には政治関心が大きな効果をもつであろう。また，その購入が利他的行為としてなされているのであれば，弱

者に対する支援や自己献身といった規範意識が大きな効果をもつと考えられる。

第5,第6,第7の仮説は「ライフスタイル消費仮説」「記号的消費仮説」そして「真物質主義的消費仮説」である。消費主義的意識による動機づけというモデルは，消費者自身の文化的欲求の充足を購入の誘因とみなすが，その欲求は，Soperによれば自己のライフスタイル構築への欲求であり，Sassatelliによれば「倫理的」というある種の記号を操作することを通じた差異化欲求であり，そして間々田によれば「本物」の品質への欲求である。それぞれの消費態度の効果を検討することを通じて，フェアトレード商品購入を促す欲求を明らかにすることができるだろう。

3.2 データと変数

分析に用いる従属変数は，フェアトレード商品購入の有無に関する2値変数である（有＝1，無＝0）[6]。フェアトレード商品を購入したことのある人の割合を購入率とすると，全体の購入率は6.9%（$N=120/1,740$）であった。性別購入率と年代別購入率，そして等価所得別購入率は表1-1に示されるとおりである。購入の有無は，性別と年代においても有意な差が見られたが，等価所得においては有意な差は見られなかった。

独立変数は大きく分けて属性変数，環境・健康配慮意識変数，公共的規範意識変数，消費態度変数，社会意識変数を使用する[7]。属性変数には「性別」(Q1)，「年齢」(Q1)，「等価所得」(Q47)に加え「就学年数」(Q45)などこれまでの実態調査で論じられている変数を用いる。環境・健康配慮意識変数に関しては，「環境配慮意識変数」(Q31)と「健康配慮意識変数」(Q32)の2つの変数を用い[8]，公共的規範意識変数には，Trentmannが市民的消費者の特徴として挙げる「政治関心」(Q28A)，「弱者の社会的支援」(Q28E)，「公益のための個人的生活犠牲」(Q28B)という3つの変数を用いる。そして，消費態度変数は「ライフスタイルに合わせた商品選択」(Q33M)，「流行に合わせた商品選択」(Q33E)，「他者とは異なる商品選択」(Q33D)，「ブランド・メーカーによる商品選択」(Q33I)そして，「品質重視の商品選択」(Q33H)を用いる。また，これらの変数に加え，Soperが指摘するような「個性志向」(Q24F)と「他人志向」(Q24G)という変数も独立変数に加えて分析を行う。

表1-1 性別・年代別・等価所得別の購入率

性別	%	年代	%	等価所得	%
男性	4.0	10代	0.9	400万未満	6.4
女性	9.3	20代	3.1	400万以上600万未満	5.1
全体	6.9	30代	9.6	600万以上800万未満	6.7
N	1,740	40代	6.1	800万以上1200万未満	5.8
($\chi^2=18.36$, df=1, $p<.001$)		50代	8.0	1200万以上	10.4
		60代以上	8.7	全体	6.9
		全体	6.9	N	1,617
		N	1,740	($\chi^2=7.59$, df=4, ns)	
		($\chi^2=18.79$, df=5, $p<.01$)			

4 分析結果

本節では,以上の変数を用いて実際に分析を試みる。フェアトレード商品の購入を従属変数とし,属性変数,環境・健康配慮意識変数,公共的規範意識変数,消費態度変数,そして社会意識変数をそれぞれ独立変数としてロジスティック回帰分析を行った結果が表1-2である。モデルⅠは属性変数のみを独立変数として分析した結果を示しており,モデルⅡは環境・健康配慮意識変数を,モデルⅢは公共的規範意識変数を,そしてモデルⅣは消費態度変数と社会意識変数を累積的に加えた分析結果を示している。

まず,モデルⅠの結果より,男性よりも女性のほうがフェアトレード商品を購入する傾向が高いということ,そして高学歴層ほど購入する傾向が高いことがわかる。その一方で,経済的条件は,大きな影響を与えていない。ここから,フェアトレード商品購入者層の属性に関しては,「高学歴層の女性」(渡辺 2010: 165)という像が浮かび上がる。

また,モデルⅡの結果では,環境配慮消費のオッズ比が1.67ともっとも高い効果を示しているという点が顕著に示されている。その一方,健康配慮消費はオッズ比1.28となっており,環境配慮消費に比べれば商品購入には大きな影響を与えていないことがうかがえる。

そして,モデルⅢの結果からは,「弱者の社会的支援」という公共的規範意

表1-2 フェアトレード商品購入を従属変数とするロジスティック回帰分析

	モデルI ($N=1,605$)		モデルII ($N=1,599$)		モデルIII ($N=1,583$)		モデルIV ($N=1,567$)	
	係数	オッズ比	係数	オッズ比	係数	オッズ比	係数	オッズ比
女性ダミー	1.07**	2.91	.44*	1.55	.49*	1.63	.55*	1.73
年齢	.03**	1.03	.01	1.01	.00	1.00	.01	1.01
等価所得	.04**	1.04	.04	1.04	.04	1.04	.04	1.04
就学年数	.15**	1.16	.14*	1.14	.13*	1.14	.11	1.11
健康配慮消費			.25	1.28	.20	1.22	.11	1.12
環境配慮消費			.51**	1.67	.49**	1.64	.47**	1.60
公共的意識								
政治関心					.22	1.24	.14	1.15
弱者の社会的支援					.31	1.36	.30	1.35
公益のために生活犠牲					.01	1.01	-.02	.98
消費態度								
ライフスタイル							.40*	1.49
流行							-.11	.90
差異化							.02	1.02
ブランド							-.19	.83
品質							.32*	1.38
社会意識								
個性志向							.38**	1.46
他人志向							.03	1.03
定数	-6.99**	.00	-6.60**	.00	-8.01**	.00	-10.90**	.00
Model χ^2	39.57**		56.42**		112.06**		140.08**	
Nagelkerke R^2	.06		.09		.18		.22	

*$p<.05$, **$p<.01$

識が商品購入に正の効果をもつことがわかる。しかし，統計的には有意ではないことから，商品購入の動機づけとなっているとは必ずしも明言できない。むしろ，ここで重要なのは，そうしたフェアトレードの本来の意味づけよりも，環境配慮消費という意識のほうが高い効果をもつという点にあるだろう。さらに，政治それ自体に対する関心には有意な効果がみられないという点も指摘するに値する。フェアトレード商品がいわゆる政治的なものとして意味づけされたり，その購入が一種の投票行動としてなされたりすることは，日本では必ずしも主流の傾向ではないと考えられる。

　最後に，モデルIVの結果が顕著に示しているのは，「ライフスタイルに合わ

せた商品選択」と「品質重視の商品選択」がフェアトレード商品購入に高い正の効果をもつということである。同様に、「個性志向」もオッズ比1.46と高い効果を示している。これらより、フェアトレード商品の購入には、他者とは異なる個性的なものへの欲求による動機づけが強く作用していると考えられる。この点において、自己のライフスタイル構築への欲求による動機づけというSoperのモデルが積極的に支持されるように思われる。

以下では、これら示された結果についての考察を展開していこう。

5 考　察

分析結果を踏まえて、先に提示した仮説を検討するならば、倫理的消費行動についてどのような解釈が導き出せるであろうか。

第1の「属性規定的消費仮説」は、モデルIとその他のモデルの比較から検討可能である。年齢、等価所得、就学年数といった経済的・社会的条件は、意識要因に比べればフェアトレード商品購入に大きな影響を与えることはほとんどない。このことから、フェアトレード商品購入は総じて、意識要因の影響の大きい消費行動とみなされるであろう。しかし、性別は全体的にみても商品購入をうながすもっとも大きな要因であることは見逃せない。モデルIVの結果においても、フェアトレード商品は女性によって購入される傾向が非常に高いと言える。

第2の「ロハス消費仮説」に関しては、モデルIIと他のモデルとの比較から検討可能である。分析の結果、フェアトレード商品購入者層は環境配慮商品を購入する層ときわめて類似していることがわかった。日本においては、フェアトレードは環境配慮という意識と結び付けられているという日本貿易振興機構の議論に一定の裏付けを与える結果であると言える。一方、健康配慮という意識は比較的高い効果をもっておらず、フェアトレードと健康というイメージは強く結びついているわけではないと考えられる。したがって、「ロハス消費仮説」は支持されうるが、より正確にはそのなかでも環境配慮を重視するロハス層による消費であると言える。

第3と第4の「政治的消費仮説」と「利他的消費仮説」はモデルIIIとモデル

Ⅳの比較から検討可能である。モデルⅣでは,「政治関心」がオッズ比1.15,「弱者の社会的支援」がオッズ比1.35と正の効果を示しているが,両者は有意な関連ではない。この結果から,「政治的消費仮説」と「利他的消費仮説」は棄却される,あるいはあくまでその可能性を留める程度であると言える。この結果は,倫理的消費を「市民性」の問題に帰属させる見方からすれば少しばかり「意外」なものであるかもしれない。というのも,そうした枠組みにおいては,「政治への関心」や「弱者への配慮」といった市民的意識の高まりと倫理的消費の台頭は因果的に結び付いていると想定されてきたからである。本章の結果は,必ずしもそうした想定を分析に先駆けて設定することはできないということを示唆している。

　最後に,第5,第6,第7の「ライフスタイル消費仮説」「記号的消費仮説」「真物質主義的消費仮説」はモデルⅣから検討可能である。分析結果が示すところによると,フェアトレード商品購入者は,流行やブランド・メーカーにこだわらない傾向がうかがえる。それに加え,消費を通じた差異化志向も直接的にはみられないことから,Sassatelliの論じるような「単純に」商業主義的なマーケティングに促されるようなタイプの記号的消費として位置づけることは必ずしもできないであろう。

　また,自己のライフスタイルの形成と個性的な生活への欲求が非常に高い効果を示していることから,Soperの「ライフスタイル消費仮説」が支持されうるであろうことは前述のとおりである。「個性志向」や「ライフスタイル志向」によって特徴づけられるタイプの欲求をここでは「自己実現欲求」と呼ぶことができるだろう。なるほど,フェアトレードは既存の消費社会への抵抗,すなわち対抗経済運動の文脈で展開されてきた経緯をもつわけであるが,一方でその商品購入の実態としては,むしろ今日の消費文化を特徴づけているようなタイプの欲求に動機づけられているという逆説をここに観察することができる。

　さらに,そうした精神的欲求のみではなく,フェアトレード商品購入者は,商品の品質を重視する傾向にもある。ここで興味深いのは,消費者においては物質的欲求と精神的欲求が必ずしも相互排他的なわけではないという点である。その意味では,フェアトレード商品の購入は「脱物質主義的消費」であるというよりも,むしろ「真物質主義的消費」であると言えるであろう。

これらの考察から,「ライフスタイル消費仮説」と「真物質主義的消費仮説」が支持されるであろうということが明らかとなった。この結果は,倫理的消費が必ずしも消費者自身の欲求充足とトレードオフの関係にあるわけではないという興味深い指摘を与えてくれる。この点に関しては,さらに議論を展開する余地があるだろう。

6 展　開

　フェアトレード商品の購入に対する分析で明らかにされた重要な結論の1つは次のことである。すなわち,途上国の貧しい生産者を支援するという公共的目標を有する商品であるとはいえ,それを購入するということは必ずしも規範的行動であるとは限らない。少なくとも,そうした商品は,けっして自己の欲求を抑え込んで購入されるものではない,ということである。この点は,これまで必ずしも自明のことではなかった。フェアトレードは「対抗経済」として資本主義的市場経済の外部に位置づけられてきたという歴史をもつ。それは反消費主義文化という思想と一体となってオルタナティブな経済の構築を志すものとされてきた。そうした文脈をもつはずのフェアトレードが,消費主義的な文化のなかで可能性を与えられるという,ある意味で逆説的な位相が実証的水準において明らかにされたのである。

　倫理的消費の多くは,フェアトレードと同様に反消費主義的な言説に取り巻かれていた。倫理的消費は一種の消費者運動の形態として,すなわち自分勝手な企業や消費者の自由な経済活動を抑制することを通じて消費社会に抵抗しようとするものとして理解されてきた。しかし,本章の分析を通じて浮き彫りになってきたのは,むしろ倫理的消費を個性的なライフスタイルの構築を通じて消費社会をより謳歌しようとするものとして理解する新たな可能性である。この視座に立てば,自由な経済活動による私的欲求の充足と倫理的な事柄は対置されるのではなく,「倫理的な事柄が個人の欲求に織り込まれた消費社会」,あるいは「諸個人の自己実現欲求を原動力とした倫理的な消費社会」という次元が生み出されている位相をとらえることができよう。[9]

　この位相は,従来であれば公共的なものに対置されてきた消費主義的な意識

や行動が公共の福祉に寄与するという可能性を示唆しているとも言える。本章の分析を敷衍すれば，今日的な倫理的消費は，個人の私的な欲求充足を目指す消費主義的な経済行為が結果的に公共的な帰結をもたらすような社会のあり方としてモデル化することもできるのではないだろうか。今日的な倫理的消費を分析するうえでは「利己」と「利他」という概念を二項対立的に取り扱うのではなく，この両者のベクトルの重なり合いがどのようにして可能となっているのかを問題としなければならないだろう。こうした視座は今日の倫理的消費を理解するうえできわめて重要であるように思われるし，本章の分析結果はそうした問題構成の有効性を示唆しているように思われる。倫理的消費に対する理解の転換が，消費社会それ自体に対する理解の転換に通じているかもしれないのである。

7　結　論

　分析結果と考察を通して，フェアトレード商品を購入するのはいかなる人かという問題に次のような解答が与えられた。フェアトレード商品は男性に比べて女性が購入する傾向が高く，とくに環境に配慮した商品を購入しようと普段から心がけているような人びとによって購入されている。そして，その購入は弱者を社会的に支援すべきであるという公共的規範意識に動機づけられているというよりも，むしろ独自のライフスタイルにこだわることによる個性的な自己の形成という消費主義的志向に動機づけられている。しかもそれは，商品の品質に対するこだわりという物質的欲求を含んでいるという点において，たんに脱物質主義的消費者であるというより，真物質主義的消費者であると言える。

　以上の分析結果に基いて，本章では「利己的かつ利他的」な消費としての倫理的消費という像を提示した。だが，利己と利他の重なり合い方には2通りがある。すなわち，利他的帰結それ自体が個人の自己実現にとって不可欠な要素となっているというかたちでの重なり合い方と，自己実現欲求に基づく諸行為の意図せざる結果として利他的帰結が生じるというかたちでの重なり合い方である。もしかしたら，両者は異なるものではなくコインの裏表のような関係にあるかもしれないが，ひとまずは区別することはできるだろう。その場合，倫

理的消費において生じているのはどちらの重なり合いなのであろうか，あるいは2つの重なり合い方がどのように関係しあっているのであろうか，という問いが新たに提出されることになる。この問題については，本研究の分析のみから明らかにすることはできなかったが，稿を改めてさらなる分析を加えていくこととしたい。[11]

注
1) 通常の取引においては，先進国の巨大資本によって都合のよい安価な対価が途上国の生産者に支払われているとされる（Ransom 2001＝2004）。支払いの公正価格を保証する中間団体を設置することによって，こうした一種の「搾取」から途上国の生産者を解放することが，フェアトレードという取引の目的である。一方，近年に台頭してきた認証ラベルの仕組みは，ある特定の生産基準・取引を設けることによって手続き水準においてフェアな取引を実現しようという試みである。商品の購入に関する分析に関しては，両者を厳密に区別する必要はあまりないように思われるので，本章ではこれらをともにフェアトレード商品としてとらえていくことにする。提携型フェアトレードと呼ばれる立場と認証型フェアトレードと呼ばれる立場の相違については渡辺（2010）などを参照。
2) フェアトレード商品の中心は，コーヒーやチョコレート，バナナといった食料品が中心であるが，今日では雑貨や衣服などの販売額も伸びている。
3) FLJ（フェアトレード・ラベル・ジャパン）のホームページに掲載された情報を参照して筆者作成。(http://www.fairtrade-jp.org/about_fairtrade/000018.html)
4) 「消費主義（consumerism）」とは，「現代の消費社会に特徴的な消費に対する高い関心，消費の高水準化を追求する習慣的行為，生活様式」（水原・寺島 2011: 204）のことである。本分析における具体的な操作化に関しては注7を参照されたい。
5) 内閣府の調査とチョコレボ実行委員会の調査はサンプリング手法が異なるため，単純な経年変化として比較することは必ずしもできない。
6) 「フェアトレード商品の購入」という変数は，「あなたは，ふだんの買い物で次のことに配慮していますか。あてはまるものをお選びください。」（いくつでも○）という質問のなかの項目の1つ，「フェアトレードの商品（発展途上国の人々に配慮した商品）を選ぶ」に対する回答である。
7) 公共的規範意識変数，消費態度変数，社会意識変数はそれぞれ4件法によって構成される順序変数であるが，ここではそれらを間隔尺度とみなし，量的変数

8) 健康配慮消費意識は，「遺伝子組み換え食品回避」「有機栽培の野菜購入」「無添加食品の購入」という3つの変数（4件法）の主成分得点を変数とした。また，環境配慮消費意識は「マイバック使用」「簡素包装」「リサイクル商品選択」「省エネ電化製品選択」「環境ラベル商品選択」「環境配慮企業・店舗の選択」という6つの変数（2値変数）を加算方式で得点化した。

9) 消費という営みは自らの関心を追求し文化的な満足を得ようとする側面をもつ行為であろう。それは，ある意味では「利己的」な行為であるとも言える。フェアトレードは，消費者運動や市民運動のもとでそうした利己的な消費主義的態度に対するオルタナティブという思想を背負ってきたわけであるが，そこにあったのは「利己」と「利他」の二項対立という図式であった。公共的・利他的な結果が導かれるためには，「利己」的な欲求を制御・規制しなければならないという考え方がそうした消費者運動を支えてきたと言えるだろう。しかし，利他的な結果をもたらすような商品の購入が自らの生活を豊かにしたい利己的な欲求によって支えられているという構図が今日的な倫理的消費には成り立っている。こうしたあり方は，必ずしも消費者運動的・市民運動的な「利己／利他」二項対立図式で理解できるものではない。そうした二項対立的図式を超えて倫理的消費を理解するためには，「利己」や「欲求」の概念，そして「消費」に対する視座をあらためて問い直す必要があるのではないだろうか。そうした基礎理論的な見直しを通じて，「諸個人の自己実現欲求を原動力とした利他的社会としての消費社会」を分析するような消費社会論が登場する余地が生じる可能性があるだろう。

10) かつて経済学者 C. Menger は，公共福祉に役立たせようという共同意志によって創設されたわけでもないのに結果として公共福祉に役立ちうるような秩序が存在することを強調した（Menger 1883＝1986: 150-151）。消費社会はそうしたタイプの秩序によって成立しているという理論的視座から倫理的消費を理解することができるのではないだろうか。また，そうした秩序が育まれる可能性の条件を問うことによって倫理的消費に対する新たな分析的視座が開けてくるのではないだろうか。

11) また，倫理的消費者も一元的にとらえられるものではなく，その行動を基礎づけている意識・態度によって分類可能なはずである。倫理的消費を類型化し，それらのパターンを詳細に検討することも今後の課題である。

○ 寺島 拓幸

第2章 グリーンコンシューマリズムの現状
――高まる環境保護意識と通底する消費主義の狭間で――

1 グリーンコンシューマリズムとコンシューマリズム

　現代の日本においてグリーンコンシューマリズムが誰によってどの程度実践されているか，消費主義的な価値観との関係性に着眼しつつその現状を明らかにすることが本章の目的である。[1]

　「グリーンコンシューマリズム (green consumerism)」とは，環境に配慮した消費行動を日常的に実践しようとする活動のことである。1988年にイギリスで The Green Consumer Guide が出版されて以降グリーンコンシューマリズムは着実に浸透し (Elkington and Hailes 1988)，現在では世界各国で環境に配慮した買い物を行うための案内書，用語辞典，ウェブサイトなどが存在する。[2]

　具体的な消費行動としては，グリーンコンシューマー全国ネットワークが「グリーンコンシューマー10原則」というガイドラインをまとめている（グリーンコンシューマー全国ネットワーク 1999: 25）。

① 必要なものを必要な量だけ買う
② 使い捨て商品ではなく，長く使えるものを選ぶ
③ 包装はないものを最優先し，次に最小限のもの，容器は再使用できるものを選ぶ
④ 作るとき，使うとき，捨てるとき，資源とエネルギー消費の少ないもの

を選ぶ
⑤ 化学物質による環境汚染と健康への影響の少ないものを選ぶ
⑥ 自然と生物多様性をそこなわないものを選ぶ
⑦ 近くで生産・製造されたものを選ぶ
⑧ 作る人に公正な分配が保障されるものを選ぶ
⑨ リサイクルされたもの，リサイクルシステムのあるものを選ぶ
⑩ 環境問題に熱心に取り組み，環境情報を公開しているメーカーや店を選ぶ

以上のように，グリーンコンシューマリズムが提案するのは，時間，金銭，労力などのコストがかかりコミットメントするのに障壁がある環境保護運動でも，消費を我慢して快適性を犠牲にしたり生活水準を下げたりすることでもなく，特別な能力や専門的な知識を必要とせず，毎日の買い物で誰もができる活動である（枚本 2006: 94）。また，グリーンコンシューマリズムはたんに自然環境の保護ばかりではなく，消費者の健康（⑤）や生産者の保護（⑧）などにも配慮する概念へと広がりをみせている。

では実際の消費者は，こうした消費行動をどの程度日常的に実践しているのだろうか。内閣府が 2004，2006，2008 年に行った「国民生活モニター調査」では，上の「グリーンコンシューマー 10 原則」を参考にしたであろう質問項目を用いてその現状を調べている。図 2 - 1 は，その回答である（内閣府編 2009: 45）。項目によって差異はあるが，2000 年代の日本では，たとえグリーンコンシューマリズムという言葉や概念を知らずとも，多くの消費者が環境配慮型消費を自然と行っていることが推察される。

一方，グリーンコンシューマリズムから"green"を取ると，「消費主義（consumerism）」という多義的な概念となる。Gabriel and Lang（[1995] 2006: 8-9）がまとめるところによれば，消費主義という言葉には，①消費によって幸福な生活を実現できるという先進国における倫理（moral doctrine），②モノの消費によって社会的地位や威光を表示する顕示的消費イデオロギー（ideology of conspicuous consumption），③消費水準と自由市場の追求がグローバルな経済発展につながるという経済的イデオロギー（economic ideology），④市場の創出や市場原理政策を推進する政治的イデオロギー（political ideology），⑤

1　グリーンコンシューマリズムとコンシューマリズム　25

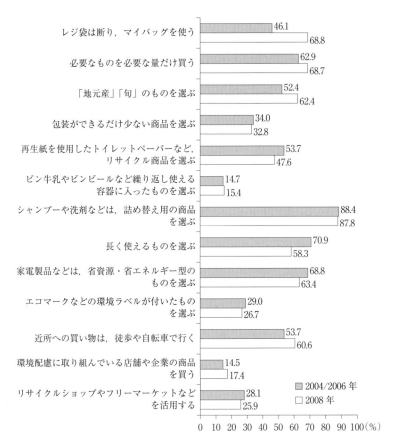

注）　上11項目は2004年，下2項目は2006年の数値。
出典）　内閣府編（2009: 45）をもとに作成。

図2-1　日常的に実践している環境配慮的行動（複数回答）

消費者の利益を促進・保護する社会運動（social movement）という意味がある。このうち，本章で採用する定義は①である。①のようなエートスが通底する社会で生活する消費者は，財・サービスをどのように購入し，どのように使用するかということに強い関心をもつ。そのため消費主義が支配的な社会では，多様な消費様式や消費文化が現れる。②の顕示的消費もその1パターンとして捉えられる。

環境問題との関係でいえば，大量生産大量消費そして大量廃棄を前提とする消費主義倫理は環境破壊的である。消費を通じてさまざまな価値を追求する消費主義倫理は，必然的に消費水準を増大させるものと考えられるため，環境主義者にとってそれは打倒すべきものとなる。たとえばJackson（2008: 57）は，現代の人びとが「消費主義の『鉄の檻』に堅く閉じ込められている」と警鐘を鳴らす。ビジネスや経済が消費の拡大に構造的に依存しているため，企業は絶えず新製品を開発し市場に投入する。消費者も絶えずその新製品を購入することで経済が維持される。近年のファストファッションに典型的にみられるように，こうしたプロセスは生産と消費を高速回転させ，以前は耐久消費財だったあらゆる製品が短命化する（Schor 2010＝2011: 28-34）。持続可能性が欠如したこのサイクルを脱するには，生活水準を低下させても消費パターンを変えなければならないということになる。

前述したように，グリーンコンシューマリズムはこうした急進的な環境主義とは異なり，生活の質素化や減速化を目指してはいない。あくまで日常の買い物で「環境にやさしい」商品を選択することによって非禁欲的に環境問題にアプローチする。では，毎日の買い物で環境配慮型消費を実践していた多くの消費者は，どの程度環境問題について考え，どのような消費態度を有しているのだろうか。2010年に首都圏で実施された「多様化する消費生活に関する調査」から得られたデータを分析することで実態を明らかにしたい。

2　方　法

2.1　変　数

分析に用いる変数は，①グリーンコンシューマリズム項目，②環境保護意識項目，③消費態度項目，④基本属性項目である。

①グリーンコンシューマリズム項目は，「ふだんの買い物で次のことに配慮していますか」という質問文に対して複数回答を求めたものである。これは，実際の商品選択や買い物の場面で環境配慮的な行動をとっているかどうかを測定するために設けられた質問項目であり，前述の内閣府調査のものをもとにしている。

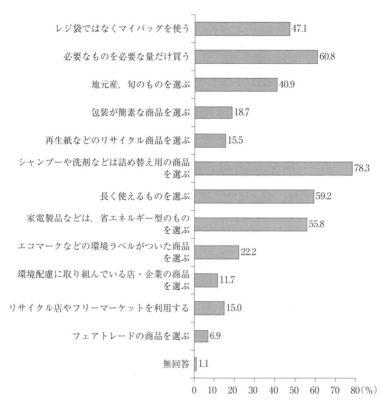

図2-2 グリーンコンシューマリズム項目のワーディングと選択率 ($N=1,749$)

各グリーンコンシューマリズム項目のワーディングおよび選択率は図2-2のとおりである。「詰め替え用の商品選択」「必要品を必要な量のみ購入」「長期使用可能商品選択」といった日常の買い物において実践しやすく節約効果のある項目が多くの回答者に選ばれている。他方で,「リサイクル商品」「環境配慮に取り組んでいる店・企業」「フェアトレード商品」などのように,普段の買い物で手軽に選択することがやや難しく,コストがかかるような項目は2割を切る選択率となっている。

本研究では,各回答者が選んだ項目の個数をグリーンコンシューマーの程度を表す指標として分析に投入する。選択項目数は,最小値0個〜最大値12個のカウントデータであり,平均値4.3個,中央値4.0個,最頻値3.0個,標準

28　第2章　グリーンコンシューマリズムの現状

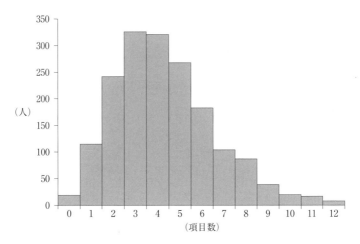

図2-3　グリーンコンシューマリズム項目選択数のヒストグラム（$N=1,749$）

偏差2.3個となった．項目数のヒストグラムを図2-3に示す．多くの消費者が環境配慮的な消費行動を実践しており，2～5個の項目を選択していることがわかる．

　②環境保護意識項目は3つを用いる．1つ目は，「次に示された政治問題について，あなたは関心がありますか」という質問に対する複数回答選択肢の1つ「地球環境の保護」である．当該項目の選択率は52.7％（$N=1,749$）であり，過半数の消費者が関心を寄せている．なお，同質問の選択肢で選ばれることが多かったものとして「失業・貧困」（63.0％），「高齢者の福祉」（62.5％），「財政再建」（57.3％），「子育て支援」（45.6％）が挙げられ，これらと同じくらい環境問題への関心が高いことがうかがえる．

　2, 3個目は，「次に示された消費についての考え方や態度のうち，あなたもそう思うものをお選びください」という質問に対する複数回答選択肢である「消費が多すぎると自然環境に悪影響を与える」と「現代人は消費をしすぎている」である．選択率はそれぞれ35.1％と55.3％（$N=1,749$）であった．前者は1つ目の環境保護意識項目と異なり，消費と環境破壊の関係性に自覚的であることを示す意識項目である．後者は，環境保護意識というよりは反消費主義的な態度を示す項目だが，グリーンコンシューマリズムや後述する消費態度項

目とのかかわりを検討するために分析に投入する。なお，他の選択肢とその選択率は，「部屋にものがあふれていると不快だ」(62.1%)，「家の中に，使わないままのものがあるともったいない」(63.0%)，「市販されているものを買わないで，なるべく自分で作りたい」(10.3%) であり，過剰な消費に対する批判的な意識の測定を意図した質問項目となっている。

③消費態度項目は，Baudrillard (1970＝1979)，McCracken (1988＝1990)，Schor (1998＝2000)，Ritzer ([1999] 2005＝2009)，Zukin (2004) ら先行の消費社会論者によって批判的に検討されてきた数々の消費様式を操作的に定義したものである[3]。ただし，なかには「コストパフォーマンス志向」「情報収集志向」「セール志向」といった消費社会論では着目されてこなかった項目も含まれている。これは，調査が行われた2010年において低迷する個人消費とデフレ経済の状況を反映させた項目である。

各消費態度項目は4件回答形式であり，「あてはまる」4点，「ややあてはまる」3点，「あまりあてはまらない」2点，「あてはまらない」1点とスコア化して分析に用いる。各消費態度項目のワーディングと記述統計は表2-1のとおりである。

④基本属性項目は，統制変数として分析に用いる。性別，年齢，配偶者・子どもの有無，教育年数といった基本的なものに加え，消費と密接な関係にある経済的地位の指標（フローとして等価世帯年収，ストックとして金融資産と持ち家の有無）を用いる[4]。等価世帯年収は，世帯人数を考慮して調整された1人当たり年収の目安である。各項目の記述統計は表2-2のとおりである[5]。

2.2 分析方法

本研究では，以上で紹介してきた変数を用いて2つの分析を行う。
① 消費態度18項目の因子分析を行い，消費主義尺度を構成する。
② グリーンコンシューマリズム項目選択数を従属変数とするポアソン回帰分析を行い，環境保護意識，消費主義尺度の影響を明らかにする[6]。

第2章 グリーンコンシューマリズムの現状

表2-1 消費態度項目のワーディングおよび記述統計（$N=1,706$）

消費態度項目	ワーディング	M	SD
新奇志向	新しい商品が出るとほしくなる	1.99	.92
広告品志向	広告を見ると，その商品がほしくなる	1.93	.86
同調志向	周囲の人が持っている商品を持っていないと気になる	1.55	.70
流行志向	流行や話題になっている商品を選ぶ	2.15	.81
多店巡回志向	いろいろなお店を見てまわるのが好きだ	2.80	1.02
ショッピング志向	基本的に，ショッピングが好きだ	2.98	.95
商品入手志向	ほしいものがあれば，遠いところでも買いに行く	2.50	.98
時短志向	買い物は素早く済ませる	2.70	.91
差異化志向	周囲の人とは少し違った個性的なものを選ぶ	2.49	.87
コストパフォーマンス志向	コストパフォーマンス（値段と満足度とのバランス）をよく検討して商品を選ぶ	2.88	.91
情報収集志向	事前にいろいろと情報収集してから商品を買う	2.74	.91
セール志向	できるだけセール価格で商品を買う	2.95	.85
ライフスタイル志向	自分のライフスタイルや趣味にあったものを選ぶ	3.32	.69
品質志向	少し値段が高くても，品質のよい商品を選ぶ	2.85	.81
ブランド志向	少し値段が高くても，有名なブランドやメーカーの商品を選ぶ	2.12	.89
コーディネート志向	インテリアや服装のコーディネート（組み合わせ）を考えて商品を選ぶ	2.80	.93
おしゃれ志向	おしゃれにお金をかけるようにしている	1.98	.86
デザイン志向	性能よりもデザイン（色や形）を重視して商品（車・携帯電話・パソコンなど）を選ぶ	2.15	.86

表2-2 基本属性項目の記述統計

基本属性項目	M	SD	N	備考
男性（ref. 女性）	.46	.50	1,749	ダミー変数。
年齢（歳）	44.48	15.54	1,749	
配偶者有（ref. 無）	.64	.48	1,741	ダミー変数。
子ども有（ref. 無）	.61	.49	1,737	ダミー変数。
教育年数（年）	13.91	2.11	1,725	
等価世帯年収（ref. 第1四分位値未満）	.25	.43	1,619	世帯年収を世帯人数の平方根で除した値を25％ずつ4等分した各カテゴリーのダミー変数。
第1四分位値以上中央値未満	.24	.43		
中央値以上第3四分位値未満	.23	.42		
第3四分位値以上	.28	.45		
金融資産（ref. 200万円未満）	.50	.50	1,721	ダミー変数。
200万円以上500万円未満	.19	.39		
500万円以上1000万円未満	.14	.34		
1000万円以上	.17	.38		
持ち家有（ref. 無）	.73	.44	1,742	ダミー変数。

3 結　果

3.1 消費主義尺度の構成[7]

表2-3は分析①の結果である。消費態度項目のKaiser-Meyer-Olkin測度は.83であり，Bartlettの球面性検定も1%水準で有意となったため，因子分析を行うことが妥当なデータであると判断される。因子抽出は一般化最小二乗法，回転はPromax法（$\kappa=4$）を用いる。因子数は，Kaiser-Guttman基準から5つとした。

因子Ⅰは，商品の話題性やイメージに欲望が刺激される「新奇志向」「広告品志向」，他者の消費行動に追随する「同調志向」「流行志向」において因子負荷量が大きくなった。これは，世間や周囲の消費者の間で話題や評判になっている商品に価値を認める態度傾向であると考えられる。そこで，この因子を「話題性志向消費（popularity-oriented consumption）」と解釈する。

因子Ⅱは，ショッピングを手段としてではなく自己目的的に楽しむ「多店巡回志向」「ショッピング志向」，移動コストを考えずに商品入手を優先する「商品入手志向」への負荷が大きくなった。また，ショッピングに時間をかけない「時短志向」においてマイナスの負荷を示した。この因子は，ショッピングそのものを時間をかけて楽しみ，こだわりの商品を探すことを好む消費態度であると解釈される。したがって，「ショッピング志向消費（shopping-oriented consumption）」と名づけることにする。

因子Ⅲは，価格と満足のバランスを考慮する「コストパフォーマンス志向」，事前に商品情報を調べる「情報収集志向」，通常よりも低コストで商品を入手しようとする「セール志向」といった項目への影響が大きいことから，消費者教育が目指してきた「賢い消費者（smart consumer）」像に近い消費態度であると考えらえる。そこで，この因子を「合理的消費（rational consumption）」と呼ぶことにする。

因子Ⅳは，商品の品質やブランドを重視する「品質志向」「ブランド志向」への負荷が大きくなった。ブランドには社会経済的地位を表示する記号的な側面もある一方で，高品質な商品であることを保証するという要素もある。そこ

表2-3 消費態度項目の因子パターン（$N=1,706$）

消費態度項目	I	II	III	IV	V	h^2
新奇志向	**.85**	－.02	.09	.04	－.05	.72
広告品志向	**.83**	－.04	.10	－.06	－.01	.67
同調志向	**.61**	.00	－.09	－.03	.03	.43
流行志向	**.58**	.06	－.03	.02	.14	.51
多店巡回志向	－.05	**.90**	.06	－.05	－.02	.76
ショッピング志向	.02	**.73**	－.06	－.01	.15	.68
商品入手志向	.10	**.48**	.02	.27	－.22	.35
時短志向	.00	**－.45**	.05	.15	.00	.23
差異化志向	－.08	.29	.08	.20	.12	.28
コストパフォーマンス志向	－.05	－.10	**.65**	.00	.10	.45
情報収集志向	.13	－.02	**.63**	.13	－.06	.48
セール志向	.10	.19	**.46**	－.25	－.02	.33
ライフスタイル志向	－.14	.03	.36	.20	.21	.37
品質志向	－.13	－.04	.03	**.84**	－.04	.64
ブランド志向	.26	－.07	－.04	**.56**	.04	.46
コーディネート志向	－.04	－.06	.19	－.05	**.79**	.63
おしゃれ志向	.17	.11	－.20	.15	**.52**	.57
デザイン志向	.25	.00	－.05	－.08	.34	.22
因子間相関 I	1.00					
II	.47	1.00				
III	.03	.26	1.00			
IV	.31	.34	.23	1.00		
V	.35	.55	.25	.52	1.00	

注）因子負荷量の絶対値＞.40を太字表記。h^2 は共通性。Kaiser-Meyer-Olkin 測度 .83，Bartlett の球面性検定 $\chi^2(153)=8851.21$，$p<.001$。

で因子Ⅳは，「品質志向消費（quality-oriented consumption）」と解釈する。

　因子Ⅴは，「コーディネート志向」「おしゃれ志向」「デザイン志向」といった視覚的な美しさや調和を重要視する消費態度項目の負荷量が顕著に大きかった。ここからこの因子を「視覚的消費（visual consumption）」と呼ぶことにする。

　5つの因子のうち「話題性志向」「品質志向」「視覚的」の3つは，商品の価値をどの部分に置いているか示しており，順に，人気の高さ，品質のよさ，外見のよさを重視する消費態度である。一方，「ショッピング志向」「合理的」の2つは商品の入手方法に関する態度であり，前者は商品の探索，吟味，選択するプロセスそのものを重視し，後者はいかに小さなコストで大きな効用を得るかということに関心がある。

以降の分析では，5つの因子の因子スコアを回帰法によって算出し，消費主義の尺度として用いることにする。寺島（2012b）は，これらの消費主義尺度のデモグラフィック特性を明らかにしている。性別，年齢，配偶者・子どもの有無，教育年数，世帯年収，金融資産，不動産，従業上の地位との関連を分析した結果，すべての消費主義尺度は多かれ少なかれ年齢が若いほどそうした態度を有する傾向があった。また個別の特徴としては，「話題性志向」は有職，「ショッピング志向」は女性，「合理的」は高学歴・専業主婦，「品質志向」は高収入・子どもなし，「視覚的」は女性・高収入に顕著であるということが認められた。ただし，これらの変数による各消費主義尺度の説明率は10％弱〜20％であるため，他のデモグラフィック要因またはサイコグラフィック要因による変動が大きいことが予想される。

3.2　グリーンコンシューマリズムへの影響

表 2-4 は分析②の結果である。ここでは分析結果を解釈しやすいように，ポアソン回帰分析によって推定された係数を発生率比（IRR: incidence rate ratio）に変換して提示する。なお IRR は 1 を基準点とし，IRR＞1 のときにプラスの効果，IRR＜1 のときにマイナスの効果を表す。

まず，基本属性のみ独立変数に投入したモデル 1 の推定結果をみていこう。ここでは，性別，年齢，金融資産の効果が有意となった。男性ダミー変数の発生率比は .71（$p<.001$）であるから，他の条件を一定とすれば，男性は女性よりもグリーンコンシューマリズム項目数が 29％ 少ないことが予測される。そのまま男女を比べてみても，男性（$M=3.62$, $SD=1.96$, $n=798$）は女性（$M=4.90$, $SD=2.31$, $n=951$）よりも平均選択項目数が少ない。年齢については，有意な比例関係が認められ，1 歳増加するごとに選択項目数も 1％ 増加する傾向がみられた。最後に，金融資産については 1,000 万円以上を保有する消費者が200 万円未満に比べて有意に選択項目数が多く（$IRR=1.11$, $p<.01$），11％ 上昇している。デモグラフィック変数に関するこれらの結果は，独立変数を追加した他のモデルでもほとんど変わらない。

つぎに，基本属性に環境保護意識 3 項目を追加したモデル 2 だが，すべての項目が 0.1％ 水準で有意なプラスの効果をもった。それぞれの効果の大きさを

表2-4　グリーンコンシューマリズム項目数のポアソン回帰分析

独立変数	モデル1 ($N=1,593$)	モデル2 ($N=1,585$)	モデル3 ($N=1,569$)
男性（ref. 女性）	.71***	.74***	.73***
年齢	1.01***	1.01***	1.01***
配偶者有（ref. 無）	1.04	1.04	1.05
子ども有（ref. 無）	.99	1.02	1.01
教育年数	1.01	1.01	1.00
等価世帯年収（ref. 第1四分位値未満）			
第1四分位値以上中央値未満	1.01	1.02	1.00
中央値以上第3四分位値未満	.99	.98	.96
第3四分位値以上	.99	.99	.98
金融資産（ref. 200万円未満）			
200万円以上500万円未満	1.05	1.04	1.03
500万円以上1,000万円未満	1.01	1.00	1.00
1,000万円以上	1.11**	1.09*	1.07
持ち家有（ref. 無）	1.00	.98	1.00
地球環境保護に関心（ref. 無）		1.27***	
大量消費の自然環境への悪影響（ref. 無）		1.18***	
現代人の過剰消費（ref. 無）		1.10***	
話題性志向消費			.96*
ショッピング志向消費			1.00
合理的消費			1.13***
品質志向消費			1.07***
視覚的消費			.98
切片	2.78***	2.47***	3.27***
LRχ^2	331.14***	531.59***	410.88***
McFadden's Adj. R^2	.04	.07	.06
Nagelkelke R^2	.19	.29	.24

注）数値は発生率比。
$^*p<.05,\ ^{**}p<.01,\ ^{***}p<.001$

みていくと，「地球環境保護に関心」が27%（IRR=1.27, $p<.001$），「大量消費の自然環境への悪影響」が18%（IRR=1.18, $p<.001$），「現代人の過剰消費」が10%（IRR=1.10, $p<.001$）程度グリーンコンシューマリズム項目を多く選択することが予測される。ここから，地球環境保護や反消費主義的な態度が，多かれ少なかれグリーンコンシューマリズムの動因の1つとなっていることが確認される。

最後に，基本属性に消費主義尺度を追加したモデル3を検討しよう。5項目中3項目の効果が統計的に有意であり，「話題性志向」(IRR = .96, p < .05) はマイナス，「合理的」(IRR = 1.13, p < .001) と「品質志向」(IRR = 1.07, p < .001) はプラスの有意な効果が推定された。したがって，新奇なものや流行りものが好きな消費者はややグリーンコンシューマリズム度が低く，堅実的な消費者や品質を重視する消費者はそれが高い傾向にあることが示された。なかでも「合理的」の効果は大きく，尺度スコアが1 pt 高くなるとグリーンコンシューマリズム項目選択数が14％増加することが推定される。なお，他のモデルに比べて金融資産「1,000万円以上」の効果が減少したのは，それが「合理的」「品質志向」の双方にプラスの効果をもつためであると考えられる[8]。

4 結論

本章では，環境保護意識や消費態度との結びつきを照射しつつグリーンコンシューマリズムの現状を検討してきた。その結果明らかになったことは以下である。

第1に，日本の（少なくとも首都圏に住む）消費者は，日常的に環境配慮型の消費行動をとる人びとが多く，3〜4つほどのグリーンコンシューマリズム項目を実践している。そうした消費者は，男性よりも女性，かつ，年齢層が高いほど多い。社会経済的地位による差異はあまりない[9]。

第2に，環境配慮型消費行動のモチベーションの1つは，環境問題への関心や消費社会的なライフスタイルへの懸念である。ただし，環境問題自体に比べ，それと大量消費との関係性や過剰消費に対する関心は相対的に影響力が小さい。この結果は，反消費主義とは一線を画すグリーンコンシューマリズムのコンセプトと合致する。

第3に，環境配慮型消費行動は，ある種の消費主義的な態度と関連があり，商品に品質を求める態度は親和的，話題性を求める態度は対立的である。

第4に，節約で合理的な消費態度，すなわち「賢い消費者」はグリーンコンシューマーと親和性がある。

多くの人に実践されている環境配慮型消費行動が環境保護意識に支えられて

いるのはある意味当然のこととしても，ある種の消費主義的態度とプラスの関係にあったり，少なくともマイナスの関係にないことは注目に値する。たしかに，商品に新奇性や他者同調性を求める消費態度は環境配慮型消費行動を阻害する傾向にあったが，その影響力は小さいものである。また，商品の獲得プロセスに娯楽性を求める「ショッピング志向消費」や外形的な美しさを求める「視覚的消費」も消費主義的態度の典型とされてきたが，グリーンコンシューマリズム項目数との関係はみられなかった。

　では，なぜ品質を重視する消費態度はグリーンコンシューマリズムを促進するのだろうか。「品質志向消費」は，項目別にみると「地産地消」的商品や長寿商品ばかりではなく，簡素包装商品，省エネ商品，環境ラベル商品などと結びついており，「品質」という概念に環境配慮という要素も含まれているようにも思われる（寺島 2012a）。それはこの態度の背後に，高級な商品を周囲の人びとに見せびらかすことによって社会的ステイタスを示す「顕示的消費イデオロギー」ではなく，消費生活の質的向上を求める価値観が存在するためではないだろうか。

　「合理的消費」がグリーンコンシューマリズムを促進するのもこの観点から捕捉しうる。グリーンコンシューマリズムには無駄なものを買わないことや詰め替え用商品の購入など節約的なものも含まれる点で「合理的消費」と結びつきがある。周知のように，レジ袋を使わなければ買い物金額が何円か安くなるというインセンティブ制度を採用している小売店舗も存在する。ただ，「合理的消費」はたんにコストを削減するのが目的なのではなく，そのなかでなるべく自分にとって満足度の高いものを吟味しようとする消費パターンである。いいかえれば，コストコンシャスに消費生活の質を向上させようとする姿勢である。そうした姿勢がグリーンコンシューマリズムを支持しているのではないだろうか。[10]

　以上より，消費主義倫理が支配的な社会において環境保護意識が高まるなか，みずからのライフスタイルを否定することなく消費生活の質的向上を求める態度が，グリーンコンシューマリズムを推進しているという現状が浮かび上がってきた。地球規模で深刻化する環境問題への危惧と消費主義との間で折り合いをつけながら充実感のある暮らしを送ろうとする消費者がグリーンコンシュー

マーの実像ではないだろうか。本研究の分析は 2010 年秋に実施された調査のデータを用いているが，その翌年 2011 年 3 月 11 日の東日本大震災以降，消費社会的なライフスタイルへの批判が急速に高まっていることが予想される。そのことが，環境保護意識と消費主義のバランスにいかなる一過性あるいは永続的な影響をもたらすのかが注目される。

注
1) 本章は既刊の寺島（2012a, 2012b）におけるデータ分析をもとにして書かれている。ただし，分析に用いる変数を再検討している箇所も多い。共通点および相違点についてはその都度注釈をつける。
2) 案内書としては日本のグリーンコンシューマー全国ネットワーク（1999）や *The Green Consumer Guide* の現代版である Hailes（2007），用語辞典としては Mansvelt（2011），ウェブサイトとしては *GoodGuide*（http://www.goodguide.com）が挙げられる。*GoodGuide* では，環境ばかりでなく健康や社会への配慮という 3 つの観点から膨大な数の商品に評点がつけられ，データベース化されている。
3) 先行の議論と消費態度項目との対応関係については割愛するが，寺島（2012a）に簡単な解説がある。また，そうした消費様式を網羅的にまとめているものとして Gabriel and Lang（[1995] 2006）がある。
4) 寺島（2012a）では，これらの属性項目に加えて従業上の地位も独立変数として用いているが，ほとんど効果が認められなかったため，本研究の分析では除外する。
5) ダミー変数の平均値は各カテゴリーの割合として読むことができる。たとえば，男性ダミー変数の平均値は.46 であるから，回答者の 46％ が男性，54％ が女性であることがわかる。
6) 個々のグリーンコンシューマリズム項目に対する消費主義尺度の影響については寺島（2012a）を参照。ただしそこで用いられた消費主義尺度は，本研究の「合理的消費」に関する項目（コストパフォーマンス志向，情報収集志向，セール志向，ライフスタイル志向）を投入しないで構成されている。したがって子細な点は異なるものの，全体としてはおおむね本研究と同様の分析結果となっている。
7) 寺島（2012b）と同様の因子分析を用いるため，分析結果（表 2-3）およびその解釈は同論文から再掲する。

8) 各消費主義尺度を従属変数，表2-4のデモグラフィック変数に加えて従業上の地位を独立変数とした重回帰分析（β：標準偏回帰係数）を行ったところ，金融資産「1,000万円以上」（「200万円未満」を基準とするダミー変数）は「合理的」（$\beta=.09$，$p<.01$）と「品質志向」（$\beta=.05$，$p<.05$）でプラスの有意な効果を示した（寺島 2012b）。おそらく2つの尺度と金融資産額の因果関係は矢印の向きが逆であり，「合理的」な消費の結果としてお金が貯まる，お金持ちが「品質志向」である，ということであろう。

9) これについては，2007年に実施された調査でも同様の傾向が認められる（寺島 2010，2011）。

10) 実際，個々のグリーンコンシューマリズム項目を従属変数，モデル3と同様の独立変数としてロジスティック回帰分析（OR：オッズ比）を行ったところ，「合理的消費」は「レジ袋ではなくマイバッグ」（OR＝1.18，$p<.05$）や「必要なものを必要な量だけ」（OR＝1.30，$p<.001$）といった節約的な項目ばかりではなく「地元産，旬のもの」（OR＝1.26，$p<.01$）や「環境ラベル商品」（OR＝1.28，$p<.01$）といった項目に対しても有意なプラスの効果をもつことが認められた。

○ 藤岡 真之

社会性の高い消費者の特徴と今後
——社会的消費者の意識・行動の年代別分析——

1 問　題

　繁栄の1950年代アメリカ社会を観察したJ. K. Galbraithは，私的消費の優勢に対して公共的消費が停滞していることを問題視していた。たとえば次のように述べている。

　　ある家族が，しゃれた色の，冷暖房装置つきの，パワーステアリング・パワーブレーキ式の自動車でピクニックに行くとしよう。かれらが通る都会は，舗装がわるく，ごみくずや，朽ちた建物や，広告板や，とっくに地下に移されるべき筈の電信柱などで，目もあてられぬ状態である。田舎へ出ると，広告のために景色もみえない。かれらは，きたない小川のほとりで，きれいに包装された食事をポータブルの冷蔵庫からとり出す。夜は公園で泊ることにするが，その公園たるや，公衆衛生と公衆道徳をおびやかすようなしろものである。くさった廃物の悪臭の中で，ナイロンのテントを張り，空気ぶとんを敷いてねようとするときに，かれらは，かれらに与えられているものが奇妙にもちぐはぐであることを漠然とながら考えるかもしれない。はたしてこれがアメリカの特質なのだろうか，と。(Galbraith [1958] 1998＝2006: 303-304)

ここでは自動車，ポータブルの冷蔵庫といった私的な消費の充実に比して，

道路，電信柱，公園といった，政府や自治体が支出する公共的な消費が貧弱であることが問題になっている。このような社会的なアンバランスは何を意味するのだろうか。

この種の問題は，直接的には，税負担の割合や公共的な支出をどのような配分で行うかといった政策決定に左右されるが，その背後にはそれを支えている，消費がどのようにあるべきかという社会的に共有される消費観が存在していると考えられる。このような前提に立つと，Galbraith が提起した公共的消費の貧弱という問題は，消費とはもっぱら個別的，私的に行われるものであって，その公共的な側面は2次的なものであるとする見方が，社会的に広く共有されていることを示すものだといえそうである。

消費における個別性が強調される度合いは，社会によるばらつきが考えられ，アメリカ社会はとりわけそれが強いということも考えられる[1]。だがそのような傾向は，アメリカ社会ほどではないのかもしれないが，日本社会においても存在してきたであろう。たとえば1970年代から90年代の初めにかけて議論された私化論では，生活水準の上昇に伴う公的な生活から私生活への撤退という現象が，しばしば消費生活と結びつけられて論じられていた[2]。このタイプの議論は，消費はもっぱら私的な満足のために行われるものであるという認識を前提にしているが，それは，実際に多くの人びとがそう考え，そう行動していたことを一定程度は反映したものであろう。そしてこのような，消費によって個々人の私的な生活を充実させるという消費者像，あるいは別の言い方をすると利己的な消費者というイメージは，これまでわれわれの社会で広く共有されてきたものであろう。

ところが近年では，このようなイメージとは異なる消費者が増加しているように感じられる。たとえばスローライフやスローフード，あるいはロハスといった言葉の広がりや，環境に配慮した消費に対する関心の高まり，限定的ではあるものの，フェアトレードに対する認識の広がりなどに，それがうかがえる。これらの現象は，利己的ではなく，公共心が高い消費者の存在をイメージさせる。

これらの，環境問題や，経済的に不利な立場に置かれた者に配慮した消費行動は，安定的で持続的な社会を維持していくために重要であり，今後活発にな

っていくことが望ましい。間々田孝夫は，そのような，消費のもつ社会的な問題を認識し，分別をもって社会性のある行動をとる消費者を社会的消費者と名付け，その重要性を述べている（間々田 2000: 260-263）。本章が行うのは，この社会的消費者の特徴と今後を，量的データを使用して明らかにすることである。すなわち，社会性の高い社会的消費者は本当に増加しているのか，また社会的消費者はどのような質的変化を伴っているのかという問題を検討していく。

2 分　析

分析には，2010年に実施した「多様化する消費生活に関する調査」の調査データを使用する。だがこのデータのみによって明らかにできることには限界がある。というのも，1回の調査データのみでは時系列的な変化を検証することはできないからである。つまり1回のデータのみでは，社会的消費者が増加しているかどうかという問題を直接的に検証することはできないのである。

そこで次善の策として，本章では，社会的消費に関する行動や意識を年代別に比較することで，それらの問題にアプローチすることにした。すなわち，年代によって社会的消費に関する行動や意識の強さが異なるか，あるいはそれらに質的な違いが存在するかということを分析することで，社会的消費者の増加という問題を検討することにした。素朴に考えれば，社会の変化をより柔軟に受け入れるのは若い年代であろうから，社会全体として社会的消費が活発になりつつあるのであれば，その変化は若い年代においてより強く表れると推測できる。このような前提に立つと，社会的消費についての行動や意識の年代差をみることで，社会的消費の高まりの存在をある程度までは類推できるだろう。

以下の分析では，社会的消費に関係する変数として，社会的消費意識，社会的消費行動，公共意識，公共行動の4つを使用する。まず第1に，各変数の分布をみることで，年代別の意識，行動の強さを比較し，第2に，それらの変数の規定要因を分析することで，意識，行動の質的な違いを年代別に比較していく。

表 3-1　社会的消費意識の主成分分析

	第 1 主成分
環境に配慮している商品を選ぶ	.838
フェアトレード商品を選ぶ	.799
まわりの人に迷惑がかかる商品の使い方をしない	.580

表 3-2　社会的消費意識主成分の寄与率

	固有値	寄与率	累積寄与率
第 1 主成分	1.677	55.9	55.9
第 2 主成分	0.838	27.9	83.9
第 3 主成分	0.484	16.1	100.0

表 3-3　社会的消費意識尺度，社会的消費行動尺度の記述統計

	最小値	最大値	平均値	標準偏差
社会的消費意識尺度	−4.75	1.68	0	1
社会的消費行動尺度	0	5	1.04	1.12

2.1　各変数の年代別分布

2.1.1　社会的消費意識と社会的消費行動の分布

　分析対象である4つの従属変数のうち，まずは，社会的消費に直接関係する，社会的消費意識と社会的消費行動の2つの分布をみよう。

　社会的消費意識に関する質問項目は，「環境に配慮している商品を選ぶこと」「フェアトレード商品を選ぶこと」「まわりの人に迷惑がかかる商品の使い方をしないこと」の3つで，それぞれ重要だと思うかどうかを4件法で尋ねている。

　これらの回答データに主成分分析を行うと，表3-1，3-2に示すように，固有値が1以上となる主成分が1つ抽出された。以下では，この主成分の主成分得点を社会的消費意識尺度として使用する。

　社会的消費行動については，「レジ袋ではなくマイバッグを使う」「再生紙などのリサイクル商品を選ぶ」「エコマークなどの環境ラベルがついた商品を選ぶ」「環境配慮に取り組んでいる店舗や企業の商品を選ぶ」「フェアトレードの商品を選ぶ」という5つの項目を2件法で尋ねている。これらはそれぞれの回答を得点化したうえで，足し合わせて加算尺度として使用する。

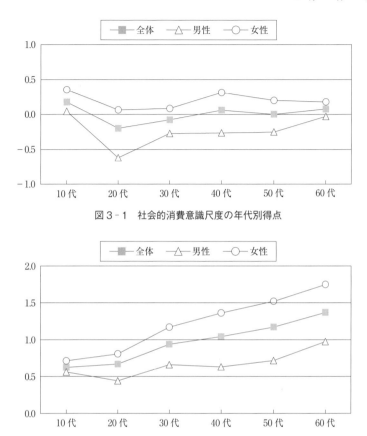

図3-1　社会的消費意識尺度の年代別得点

図3-2　社会的消費行動尺度の年代別得点

　つづいて，上記の2つの尺度の分布を年代別にみてみよう。図3-1の社会的消費意識尺度の分布をみると，10代の得点の高さがやや目を引くが，それ以外の年代については，ゆるやかな上昇傾向がみられなくはないものの，さほどはっきりしたものではない。また，この尺度と年齢の単相関は，5％水準で有意だが，相関係数は.047と小さく，関連はさほどないと解釈したほうがよいだろう（$N=1,730$）。

　次に，図3-2に示した社会的消費行動尺度の分布をみると，年代が上がるにつれて得点も上がるという傾向がはっきりと表れている。年齢との単相関の

相関係数は.234で，年代が上がるにつれて得点も上昇する傾向が存在する（0.1％水準で有意，$N=1,735$）。

では，上記の2つの尺度の分布はどのように理解すればよいのだろうか。まず行動については，年代が上がるにつれて得点も上がっているので，若い年代を中心に社会的消費が広まっているとはいえない。

だが，社会的消費の問題を理解するにあたっては，加齢に伴う次の2つの効果を考慮する必要がある。1つは，年齢を重ね，社会的経験を蓄積していく過程で，社会的な問題に対する関心が高まり，社会的消費に対する関心も高まるという効果である。もう1つは，経済力が高まるにつれて，より積極的に社会的消費を行うようになるという効果である。これらの効果は，仮に若年層において社会的消費に対する関心の高まりが存在していても，それをみえにくくしてしまうので，社会的消費意識において年代差があまりなく，最も若い10代において得点が高いという結果は，若年層における意識の高さを意味している可能性がある。だが，これは，1つの解釈の可能性であり，若年層における意識の高さを積極的に支持するものとまではいえない。

2.1.2 公共意識と公共行動の分布

続いて公共意識と公共行動についてみていこう。これらは，社会的消費そのものではないが，それと関連をもつと考えられる変数である。

公共意識については，「公共の利益のためには，個人の生活が多少犠牲になることがあっても，しかたがない」「弱い立場にある人を社会でもっと支えていくべきだ」という2つの項目についてどう思うかということを4件法で尋ねている。この2項目は内容が類似しているが，相関分析を行ってみると，両者の間にプラスの関連は存在しない。単相関は10％水準で有意であるが，相関係数は−.033で，符号がマイナスである（$N=1,735$）。よって，これらを尺度化することは適切ではないので，以下の分析では，それぞれを4段階で得点化し，別々に使用することにする。

公共行動については，「ボランティア活動に参加している」「大地震などの災害が生じた際には募金などの援助活動を行うようにしている」という2つの項目についてどのくらいあてはまるかということを4件法で尋ねている。公共行動は項目が2つしかないので，それぞれの回答を4段階で得点化したものを足

2 分析

表3-4 公共意識尺度，公共行動尺度の記述統計

	最小値	最大値	平均値	標準偏差
公共意識尺度（個人犠牲許容）	1	4	2.31	0.85
公共意識尺度（弱者支援）	1	4	3.15	0.72
公共行動尺度	2	8	3.84	1.52

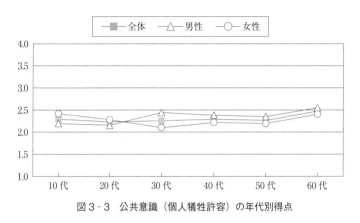

図3-3 公共意識（個人犠牲許容）の年代別得点

し合わせて加算尺度として使用する。ちなみに単相関係数は.373で1％水準で有意である（$N=1,734$）。

では、それぞれの分布を年代別にみていこう。図3-3に示した公共意識の個人犠牲許容の分布をみると、年代による違いはほとんど認められない。この変数と年齢の単相関は1％水準で有意だが、相関係数は.087と小さく、サンプル数も大きいので（$N=1,739$）、関連はほとんどないと考えるべきだろう。

図3-4に示した公共意識の弱者支援についても、年代による違いはほとんど認められない。この変数と年齢の単相関も1％水準で有意だが、相関係数は.094と小さく、サンプル数も大きいので（$N=1,744$）、関連はほとんどないと考えるべきだろう。

図3-5の、公共行動尺度については、年代が上がるにつれて得点も上がる傾向がみられる。単相関係数は.204で1％水準で有意であり（$N=1,734$）、年代が上がるにつれて得点も上昇する傾向が存在するといってよいだろう。

これまでの分析結果をみると、公共意識・行動の分布と、社会的消費意識・

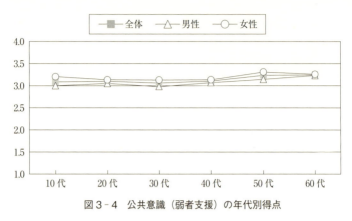

図3-4 公共意識（弱者支援）の年代別得点

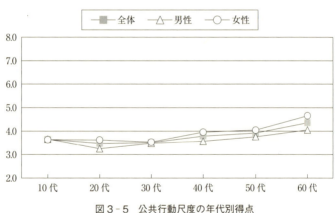

図3-5 公共行動尺度の年代別得点

行動の分布には共通性がある。すなわち，いずれも意識においては年代差が認められないが，行動においては年代が上がるにつれて得点も上がっていく傾向が存在する。このような共通性は，社会的消費意識・行動においてみられた分布の仕方が，公共的な事柄一般にも当てはまることを示唆する。つまり，公共性の高い事柄一般において，行動は年代が上がるにつれて積極的になるが，意識はどの年代もあまり違いがないのかもしれない。

とはいえ，結局のところ，4変数の分布は，いずれも若年層における社会的消費の高まりを積極的に示すものではない。

2.2 各変数の年代別規定要因

次に，各変数を規定している要因を年代別にみることで，年代による意識・行動の質的な違いをみていこう。

この分析では，独立変数として，年齢，性別，教育年数，等価所得，結婚といった基本的な変数のほかに，脱物質主義と権威主義を投入している。脱物質主義は，「物の豊かさより心の豊かさやゆとりのある生活を重視している」かどうかを4件法で尋ねた項目である。社会的な事柄に対する意識は，生活水準が上昇するにしたがって高まっていくと考えられるので，社会的消費は，物質的豊かさよりも精神的豊かさと親和性が高いと考えられる。

権威主義は，「権威のある人々には常に敬意を払わなければならない」「何をすべきか決めるのがむずかしいときには，指導者や専門家の意見にしたがうのがよい」という2つの項目について4件法で尋ねたものである（分析では2項目の得点を加算して使用）。これらは，一部文言を変更しているが，SSM調査で使用されている権威主義的伝統主義とほぼ同じである。権威主義的伝統主義は，伝統的な権威に対する服従的な態度を示す変数で，社会的消費が他律的な動機に基づくものであるか否かを判断するために使用する。

2.2.1 社会的消費意識と社会的消費行動の規定要因

まず，社会的消費意識と社会的消費行動の規定要因をみよう。

表3-5の社会的消費意識に関しては，年代による違いは，はっきりとは表れていない。強いて挙げるなら，性別が10代においてのみ非有意であるということぐらいである。

それに対して，表3-6の社会的消費行動に関しては，ややはっきりした2つの傾向が表れている。1つは性別である。性別は，非有意であるのは10代のみであるが，回帰係数と有意確率に注目すると，年代が上がるにつれて違いがはっきりしていく傾向がある。これは，若年層においては行動頻度の男女差が小さいが，上の年代になるにつれて女性優位になるということを意味している。この傾向は先にみた図3-2でも視覚的に確認できる。

もう1つは脱物質主義である。脱物質主義は40代以上では有意であるが，若年層では非有意である。これが意味するのは，上の年代では，脱物質主義的であることが社会的消費を促進する要因になっているが，若年層における社会

表3-5 社会的消費意識を従属変数とした重回帰分析（標準偏回帰係数）

	10代 ($N=110$)	20代 ($N=236$)	30代 ($N=290$)	40代 ($N=306$)	50代 ($N=301$)	60代 ($N=338$)
年　齢	.05	$-.15^{*}$	.00	.03	.07	$-.01$
男性ダミー	$-.12$	$-.28^{***}$	$-.17^{**}$	$-.24^{***}$	$-.17^{**}$	$-.14^{*}$
教育年数	$-.07$	$.13^{*}$	$-.02$	$-.18^{**}$	$-.05$	.09
等価所得	$-.03$	.00	.05	.05	.10	$-.01$
既婚ダミー	$-.12$	.06	$-.01$	.02	$-.11^{*}$	.04
脱物質主義	.17	.12	$.23^{***}$	$.12^{*}$	$.18^{**}$	$.18^{***}$
権威主義	.10	.02	.04	.04	$.14^{*}$	$-.10$
F	1.21	4.63^{***}	3.91^{***}	5.98^{***}	6.01^{***}	3.74^{***}
Adj. R^2	.01	.10	.07	.10	.10	.05

$^{*}p<.05,\ ^{**}p<.01,\ ^{***}p<.001$

表3-6 社会的消費行動を従属変数とした重回帰分析（標準偏回帰係数）

	10代 ($N=108$)	20代 ($N=234$)	30代 ($N=290$)	40代 ($N=305$)	50代 ($N=301$)	60代 ($N=341$)
年　齢	$-.06$	.11	.09	$.16^{**}$	.07	$.12^{*}$
男性ダミー	$-.11$	$-.19^{**}$	$-.25^{***}$	$-.32^{***}$	$-.34^{***}$	$-.34^{***}$
教育年数	$-.14$	.10	$-.07$	$-.01$	.10	$.12^{*}$
等価所得	.10	.05	$.12^{*}$	.00	$-.01$	.07
既婚ダミー	$-.06$	.03	.02	.07	$-.16^{**}$	.06
脱物質主義	.02	$-.01$	.06	$.16^{**}$	$.18^{**}$	$.16^{**}$
権威主義	.04	.04	.00	.02	.01	.00
F	.95	2.66^{*}	4.48^{***}	8.44^{***}	10.24^{***}	9.52^{***}
Adj. R^2	.00	.05	.08	.15	.18	.15

$^{*}p<.05,\ ^{**}p<.01,\ ^{***}p<.001$

的消費は，脱物質主義的であるか否かということとは結びついていないということである。つまり，上の年代においては，物質主義的である者は社会的消費に積極的ではないが，若年層においては，物質主義的な者も，脱物質主義的な者と同程度に社会的消費を行っているのである。

　以上の2つの傾向は，若年層における社会的消費行動の一般性の高さを示すという点で共通性がある。つまり若年層においては，社会的消費行動が性別に関係なく，また脱物質主義的であるか否かにかかわらず行われているという意味で，一般性が高いといえるのである。この一般性は，若年層における気負い

表 3-7 公共意識（個人犠牲許容）を従属変数とした重回帰分析（標準偏回帰係数）

	10代 ($N=110$)	20代 ($N=236$)	30代 ($N=291$)	40代 ($N=305$)	50代 ($N=302$)	60代 ($N=342$)
年　齢	.07	-.01	.05	.01	.02	.23***
男性ダミー	-.12	-.06	.14*	.10	.07	.00
教育年数	-.07	.16*	.23***	.08	.12*	.17**
等価所得	.02	.09	.04	.10	.10	.05
既婚ダミー	-.02	.05	-.02	.06	-.01	.13*
脱物質主義	.04	.07	-.01	.14*	.01	.05
権威主義	-.04	.05	.03	.18**	.15*	.13*
F	.37	1.87	4.10***	3.66***	2.53*	5.84***
Adj. R^2	-.04	.03	.07	.06	.03	.09

*$p<.05$, **$p<.01$, ***$p<.001$

のなさ，あるいは行動の当たり前さといった，質的な違いを示していると解釈できるだろう．

また，年代差とは関係しないが，権威主義がいずれの年代においても非有意であることも興味深い．これは，社会的消費が他律性の高い行動ではないということを示している．

2.2.2 公共意識と公共行動の規定要因

次に公共意識と公共行動をみよう．表 3-7，3-8，3-9をみると，次の2点で，若干の年代差がみられる．1つは，公共行動において，年代が上がるにつれて女性優位になる傾向があるということである．しかしこれは，先の社会的消費行動の年代差に比べるとはっきりしたものではない．もう1つは，権威主義が上の年代において，プラスの効果をもつ傾向があるということである．これが表れているのは，公共意識の個人犠牲許容と，公共行動である（ただし，公共行動については，40，50代において 10% 水準でプラスに有意であるにとどまる．有意確率はそれぞれ .062，.093 である）．これらは，年代が上がるほど，公共意識・行動に対して他律的な要素が影響する傾向があることを示している．

以上の公共意識・行動の規定要因についての分析結果と，先にみた社会的消費意識・行動の規定要因についての分析結果を比較すると，行動に対する効果の表れ方に違いがある．すなわち，社会的消費行動では，若年層における男女差の小ささや，脱物質主義が有効でないことが認められるのに対して，公共行

表 3-8 公共意識（弱者支援）を従属変数とした重回帰分析（標準偏回帰係数）

	10代 ($N=109$)	20代 ($N=236$)	30代 ($N=291$)	40代 ($N=306$)	50代 ($N=303$)	60代 ($N=344$)
年　齢	-.18	-.12	.00	.13*	.02	.02
男性ダミー	-.14	-.06	-.04	-.02	-.11	-.02
教育年数	.17	.03	-.19**	-.02	.01	.03
等価所得	-.05	-.12	-.01	-.17**	-.17**	-.01
既婚ダミー	.01	.11	-.04	-.08	-.23***	-.06
脱物質主義	.16	.05	.16**	.17**	.00	.11*
権威主義	.17	.17**	.17**	.14*	.13*	.13*
F	1.57	2.43*	4.79***	4.87***	5.95***	1.75
Adj. R^2	.04	.04	.08	.08	.10	.02

*$p<.05$, **$p<.01$, ***$p<.001$

表 3-9 公共行動を従属変数とした重回帰分析（標準偏回帰係数）

	10代 ($N=109$)	20代 ($N=236$)	30代 ($N=289$)	40代 ($N=305$)	50代 ($N=302$)	60代 ($N=340$)
年　齢	-.33*	-.01	.11	.14*	.05	.12*
男性ダミー	-.02	-.15*	.00	-.18**	-.03	-.16**
教育年数	.20	-.04	.01	.09	-.03	.04
等価所得	.14	.08	.06	-.01	.21***	.17**
既婚ダミー	-.09	.00	.07	.01	.03	.01
脱物質主義	.18	.01	.21***	.05	.19**	.17**
権威主義	.01	.02	-.05	.11	.09	.04
F	2.01	1.00	2.85**	3.12**	4.70***	5.53***
Adj. R^2	.06	.00	.04	.05	.08	.09

*$p<.05$, **$p<.01$, ***$p<.001$

動においては，それらははっきりとは認められない。このような違いは，性別や脱物質主義の効果は，公共性の高い行動一般に認められるものとは必ずしもいえず，社会的消費行動にとくに認められるものであることを示している可能性がある。つまり先に述べた，若年層における気負いのなさは，社会的消費行動に特有な現象であるのかもしれない。

3 結　論

　冒頭で述べたように，本章の問題は，社会的消費者は増加しているのか，また社会的消費者はどのような質的変化を伴っているのかということであった。
　前者の問題は，4つの変数の年代別分布をみることで検討した。分析結果をみると，意識においても行動においても，若年層の得点が高いというはっきりした傾向は認められなかった。つまり，若年層における社会的消費の高まりを積極的に示す結果は得られなかった。だが，社会的消費意識に関しては，10代の得点がやや高く，そのほかの年代では差がほとんど存在していないことから，年齢効果を考慮に入れると，若年層における社会的消費の高まりという解釈の可能性が残されることとなった。
　後者の問題は，各変数を規定している変数を年代別にみることで検討し，若年層の社会的消費行動において，性別と脱物質主義の効果が小さいということが明らかになった。これは，若年層においては，社会的消費行動が性別に関係なく，また脱物質主義的であるか否かにかかわらず行われていることを意味し，若年層における社会的消費行動の一般性の高さとして解釈することができる。つまり若年層にとっては，社会的消費を行うことは，相対的に当たり前さが高く，気負いを必要としない行為であると考えられるのである。これは上の年代との質的な違いを示しており，新しい特徴をもった消費者が若年層に現れつつあることをうかがわせる結果である。先にも述べたように，社会的消費には年齢効果が作用している可能性があるため，若年層において質的変化が起こっているのであれば，長期的には社会的消費が拡大していく可能性がある。
　以上のように，本章で明らかになったことは，データの制約があり，曖昧さを含んでいる。しかし，それに意味がないわけではない。とくに若年層における質的変化は重要な変化を示唆している。宮島喬は，私化を問題にした議論において，私化とアノミーの関連を問題にする一方で，私化を起点とした市民意識の高まりの可能性にも言及している。すなわち，私化が進展することで日常生活に関する問題に敏感になることが，問題解決的な主体性をもたらしうるとしている（宮島 1980）。本章で明らかになった若年層における質的変化は，社

会が豊かになり，私的な欲求が十分に満たされることによって生み出された可能性があり，消費社会の成熟が，新しいタイプの消費者を生み出しつつあることを示しているのかもしれない。この問題は，まだ多くの探求の余地を残しており，今後のさらなる検討が必要であるが，消費社会研究という観点からも，私化論という観点からも興味深いものであろう。

注
1) J. Baudrillard は，社会的バランスの問題がアメリカに特殊な現象だとして次のように述べている。「フランスでは，国家の社会予算は国民総生産の 20% 以上を再分配している。……ガルブレイスが非難した私的消費と集団的消費の間の著しい不均衡は，ヨーロッパ諸国よりはアメリカ合衆国の特殊現象のようである。」(Baudrillard 1970 = 1979: 30)
2) 私化は，公的な事柄よりも，私的な事柄を優先する傾向の高まりを指し，私生活化やプライヴァタイゼーションと，ほぼ同じ意味で使われる言葉である。
3) 年代別のサンプル数は次のとおり。10 代：117，20 代：255，30 代：314，40 代：330，50 代：329，60 代：404。

○ 水原 俊博

章 消費主義者の政治問題関心
———私生活化の展開／からの転回？———

1 問題意識

　現代の消費社会において消費に高い関心を示し，消費の高水準化を追求する習慣的行為，生活様式，つまり，「消費主義 (consumerism)」(Miles 1998: 4；間々田 2000: 9-10) と政治問題に対する関心との間には，どのような関連性があるのだろうか。本章では社会調査データの分析をとおしてこれについて検討することを目的とする。

　政治問題は多様であるが，本章では便宜的に2つに分類する。第1に，日常の私的生活との関わりの薄い，あるいは直接関わらない（と感じられる）政治問題，たとえば，外交・防衛（安全保障），憲法などの問題を「政治的・社会的問題 (public issue)[1]」とする。第2に，私的生活との関わりの深い，あるいは直接的に関わる（と感じられる）問題，たとえば，子育て支援，高齢者福祉，失業，貧困などの問題を「私的生活関連問題」とする。

　歴史的には，高度経済成長期以降，とりわけ消費社会化の過程において，政治的・社会的問題に対する関心は低下し，私的生活関連問題への関心が高まっていったといわれている。これについては「生活意識と政治意識」「私生活化」といったシェーマのなかで，以前より議論されてきた（宮島 1980）。多くの私生活化研究では，高度経済成長期以降に実現した豊かさのなかで，人びとは私

的生活，ひいてはその中心を占める消費生活を重視するようになり（消費主義化），政治や仕事などの公的生活から離反していったことが指摘される。そして，人びとは政治問題に関心を寄せるとしても，私的生活関連問題に偏っていったという（宮島 1980: 140）。だが，こうした研究では，私的生活を重視し，公的生活から離反すること，つまり，私生活化を，政治，経済（仕事）などの公的生活において生じる疎外からの「生活防衛」として説明されることが，これまで多かったように思われる（田中 1974）。また，私的生活の重視について消費の活発化に言及するものの，消費主義という概念を用いているわけではない。それでも，消費社会学的にみると，消費の活発化を記号（シンボル）／差異化消費としてとらえているといってよい（田中 1974: 104；宮島 1980: 131-132）。しかし，私生活化の疎外論的な説明は社会理論的にみると本質主義的である[2]。また，現代の消費社会における消費主義は一様ではないことが予想されるため，記号／差異化消費のみを消費主義的な消費態度としてとらえることには疑問がある。

　こうしたことを踏まえ，水原・寺島（2011）では，疎外論的な理論的負荷のある公的生活概念を用いず，消費社会学における近年の先行研究にしたがって（Trentmann 2007; Jubas 2007），「シティズンシップ」（コミュニティ成員の権利と義務）概念を採用し，さらに「政治的シティズンシップ」（参政権，結党，政治団体加入など政治的な権力行使への参加の権利と義務）に限定した。他方，消費主義については記号／差異化消費に限定せず，多元化したものとしてとらえるようつとめた。そして，多元化した消費主義の政治的シティズンシップへの影響について，社会調査データの分析をとおして検討した[3]。その結果，消費主義のうち記号／差異化消費[4]は，政治的シティズンシップ，具体的には政治関心や投票行動に負の効果を示す一方，商品に個人的なこだわりを示す「偏執的消費（paranoiac consumption）」，商品の品質やブランドを重視する「品質志向消費（quality-oriented consumption）」は政治的シティズンシップに正の効果を示した。この結果は，私生活化研究の主張に引きつけていえば，私的生活の重視は公的生活からの離反を一様にもたらすとはいえず，私的生活の重視は場合によっては公的生活の関心や活動を促進しうることを示唆している。では，消費主義的な消費態度のなかにはどうして政治的シティズンシップに正の効果をもたらす

ものがあるのかといえば，おそらく消費主義的な消費態度のなかには，公民的側面（civic side of consumption）が認められるものがあるからだと考えられ，そうした態度をとる消費主義者は，私的生活に没する「私民」というよりも，「市民＝消費者（citizen-consumer）」（Trentmann 2007: 147）といってよかろう。

以上のことから，多元化した消費主義の政治問題関心への影響についても，私生活化研究が必ずしも妥当しないことが考えられる。すなわち，消費主義的な消費態度のなかには，私的生活関連問題だけでなく，政治的・社会的問題への関心に対して正の効果をもたらすものがあることが予想される。以下では，2010年に首都圏で実施した「多様化する消費生活に関する調査」で収集したデータの分析をとおして，これについて検討する。

2 変　数

分析には，政治関心，政治問題関心など政治関連の変数（表4-1），消費主義的態度（表4-3），さらに，基本属性である性別，年齢，教育年数，等価所得（世帯人数で調整した世帯所得），配偶者の有無，こどもの有無，職業を統制変数として用いた。

2.1 政治関連変数

政治関心は「関心がある」〜「関心がない」の4件法，単項回答形式でたずね，「関心がある」4点〜「関心がない」1点として得点化した。政治問題関心は，政治的・社会的問題として「憲法改正」「外交・防衛」「死刑制度賛否」「財政再建」を，私的生活関連問題として「失業・貧困」「消費者保護」「高齢者福祉」「子育て支援」，さらに政治的・社会的問題，私的生活関連問題に両属的な「地球環境保護」のほかに，「あてはまるものはない」を選択肢として用意し，表4-1の質問文によって多項回答形式でたずねた。

分析では「あてはまるものはない」をのぞく各変数について，「選択（関心あり）」1点，「非選択（関心なし）」0点として得点化した。政治問題関心の回答分布について簡単に確認しておくと，関心ありの選択率が3割に満たないのは憲法改正，死刑制度賛否の2つ，6割以上なのは失業・貧困，高齢者福祉の

第4章 消費主義者の政治問題関心

表4-1 政治関連の変数[5]

変数	質問文	平均	標準偏差	関心あり
政治関心	あなたは政治に関心がありますか。それともありませんか	2.9	.8	69.3%
政治問題関心	次に示された政治問題について，あなたは関心がありますか			
憲法改正				24.8%
外交・防衛				44.2%
死刑制度賛否				20.4%
財政再建				57.3%
失業・貧困				63.0%
地球環境保護				52.7%
消費者保護				39.1%
高齢者福祉				62.5%
子育て支援				45.6%
国政選挙投票	あなたは先の参議院選挙で投票しましたか			
参院選投票（2010年）				77.2%

表4-2 政治問題関心の相関行列 [$N=1,747$]

	憲法改正	外交・防衛	死刑制度賛否	財政再建	失業・貧困	地球環境保護	消費者保護	高齢者福祉	子育て支援
憲法改正	1	**.30****	**.34****	.09**	.09**	.10**	.05	.03	.08**
外交・防衛		1	**.21****	**.26****	.07**	.21**	.02	.02	.02
死刑制度賛否			1	.07**	.09**	.13**	.08**	.09**	.08**
財政再建				1	.14**	.15**	.11	.06**	.05**
失業・貧困					1	.16**	.20**	.19**	.15**
地球環境保護						1	.16**	.18**	.12**
消費者保護							1	.20**	.12**
高齢者福祉								1	.22**
子育て支援									1

**p<.01

2つで，私生活化研究の主張どおり，全体として私的生活関連問題に関心が偏っていることがみてとれる。

政治問題関心については政治的・社会的問題，私的生活関連問題に分類したが，その妥当性について簡単に確認するため，四分点相関係数（φ係数）を算

出した。結果をまとめた表4-2によれば，全体として値はさほど大きくないものの，政治的・社会的問題に属する変数と私的生活関連問題に属する変数との間にはほとんど相関はみられなかった。政治的・社会的問題では，財政再建以外のすべての変数間でやや相関がみられた（太字で表記）。他方，私的生活関連問題では，一部の変数間でやや相関がみられた（網掛け）。以上から各問題において特徴の異なる孤立した変数はとくになく，政治問題を2つに分類したのは妥当だと考えてよいだろう。地球環境保護については，政治的・社会的問題と私的生活関連問題に両属的だとしたが，表4-2によれば，両問題にそれぞれ属する一部の変数とやや相関がみられ，こうした分類上の位置づけも誤りとはいえないだろう。

さて，2010年調査では同年に行われた第22回参議院選挙の投票の有無についても調べている。それによると，77.2%の回答者が投票し，投票率57.9%（全国），58.2%（東京）に比べてかなり高いことがわかる。これは2010年調査の回答者は社会貢献に積極的な傾向があることを示している。そのため，同調査データの分析の結果を一般化することには慎重さが求められるだろう。

2.2 消費主義的態度

消費主義的態度については，表4-3のとおり，多くの変数を用意し，表中の質問文によって，「あてはまる」～「あてはまらない」の4件法，単項回答形式でたずね，「あてはまる」4点～「あてはまらない」1点として得点化した。これらの消費主義的態度変数については，すでに寺島（2012b, 2013）が周到に因子分析を行い（一般化最小二乗法による因子抽出，プロマックス回転後の因子パターン，$N=1,706$），消費主義尺度として5つの因子を抽出している。本研究でもこれを採用し，各因子について回帰法で算出した因子スコアを以下の多変量解析で投入したい。なお，5つの因子の名称，因子負荷量｜.4｜より大きい変数，因子の特徴は以下の箇条書きのとおりである。

因子Ⅰ 話題性志向消費（popularity-oriented consumption）
　　　　　新規志向，広告品志向，同調志向，流行志向
　　　　　話題や評判になっている商品を重視

表4-3 消費主義的態度[6)]

変数	質問文 (次に示された買い物についての考え方や行動が,あなたにどのくらいあてはまるかお答えください)	平均	標準偏差	あてはまる
新規志向	新しい商品が出るとほしくなる	2.0	.9	71.0%
広告品志向	広告見ると,その商品がほしくなる	1.9	.9	73.9%
同調志向	周囲の人が持っている商品を持っていないと気になる	1.5	.7	90.5%
流行志向	流行や話題になっている商品を選ぶ	2.2	.8	66.5%
店舗巡回	いろいろなお店を見てまわるのが好きだ	2.8	1.0	37.4%
買い物志向	基本的に,ショッピングが好き	3.0	1.0	30.9%
遠方店舗購入	ほしいものがあれば,遠いところでも買いに行く	2.5	1.0	50.6%
じん速志向	買い物は早く済ませる	2.7	.9	42.0%
差異化志向	周囲の人とは少し違った個性的なものを選ぶ	2.5	.9	52.5%
コストパフォーマンス志向	コストパフォーマンスをよく検討して商品を選ぶ	2.9	.9	29.8%
情報収集	事前にいろいろ情報収集してから商品を買う	2.7	.9	38.3%
セール志向	できるだけセール価格で商品を買う	2.9	.8	27.6%
ライフスタイル志向	自分のライフスタイルや趣味にあったものを選ぶ	3.3	.7	9.3%
品質志向	少し値段が高くても,品質のよい商品を選ぶ	2.8	.8	29.9%
ブランド志向	少し値段が高くても,有名なブランドやメーカーの商品を選ぶ	2.1	.9	67.7%
コーディネート志向	インテリアや服装のコーディネートを考えて商品を選ぶ	2.8	.9	32.6%
おしゃれ志向	おしゃれにお金をかけるようにしている	2.0	.9	73.5%
デザイン志向	性能よりもデザインを重視して商品を選ぶ	2.1	.9	68.0%

因子Ⅱ　ショッピング志向消費 (shopping-oriented consumption)
　　　　店舗巡回, 買い物志向, 遠方店舗購入, じん速志向
　　　　こだわりの商品を探すことを重視

因子Ⅲ　合理的消費 (rational consumption)
　　　　コストパフォーマンス志向, 情報収集, セール志向
　　　　消費者教育における「賢い消費者 (smart consumer)」的態度

因子Ⅳ　品質志向消費 (quality-oriented consumption)
　　　　品質志向, ブランド志向
　　　　商品のブランドや品質を重視

因子Ⅴ　視覚的消費 (visual consumption)
　　　　コーディネート志向, おしゃれ志向
　　　　視覚的な美しさや調和を重視

2010年調査では，2007年調査よりも消費主義的態度変数（項目）を増加させたこともあり，2007年調査のデータを用いた水原・寺島（2011）の場合よりも，因子の数は寺島（2012b, 2013）では2つ増えている。ただし，因子構造の傾向的な違いは認められず，寺島（2012b, 2013）で構成された消費主義の下位尺度は，多元化する消費主義をより適切にとらえているといってよい。こうしたことから，5つの因子の名称も，寺島（2012b, 2013）では検討のうえで，よりふさわしく変更されている。なお，水原・寺島（2011）の誇示的消費は因子Ⅰの話題性志向消費に，偏執的消費は因子Ⅱのショッピング志向消費におおむね対応する。また，従来，消費主義的態度とされてきた記号／差異化消費は因子Ⅰの話題性志向消費，因子Ⅴの視覚的消費に対応するといえよう。

3 分 析

以下では，基本属性を統制変数として投入し，消費主義尺度による政治関心に対する影響を重回帰分析によって，また，政治問題関心に対する影響についてはロジスティック回帰分析によってそれぞれ検討していく。

3.1 政治関心

まず，消費主義尺度の政治関心への影響を検討する。重回帰分析の結果をまとめた表4-4によると，基本属性に関してはおおむね妥当な効果が認められるものの，政治に無関心だと俗にいわれる学生が正規雇用に比べて政治関心をもつ見込みが高いのは意外かもしれない。これについては，学生でありながら(?)，本社会調査に協力していることから，一般的な学生像からみて，学生回答者は社会貢献に積極的だと考えられ，それが影響しているのではないだろうか。消費主義尺度については，話題性志向消費が負の効果，合理的消費と品質志向消費が正の効果を示した。話題性志向消費は視覚的消費とともに，従来，消費主義的態度とされてきた記号／差異化消費にほぼ対応するので，その意味では消費主義は政治的シティズンシップに負の影響をあたえ，私生活化研究にひきつけていえば，私的生活の重視は公的生活からの離反を促すといえよう。しかしながら，消費の費用対効果の重視（合理的消費），消費の質，品質保証と

表 4-4 政治関心の重回帰分析 [$N=1,536$]

独立変数	標準偏回帰係数
男性（ref. 女性）	.16**
年齢（歳）	.32**
教育年数（年）	.10**
等価所得（万円/年）	.05*
配偶者有（ref. 無）	.02
子ども有（ref. 無）	.03
職業（ref. 正規雇用）	
専業主婦・主夫	.04
学　生	.09*
無　職	−.01
臨時雇用・パート・アルバイト	.00
派遣・契約・請負	.03
自営業主・家族従業者	.02
経営者・役員	.03
消費主義尺度	
話題性志向消費	−.10**
ショッピング志向消費	−.01
合理的消費	.17**
品質志向消費	.07*
視覚的消費	−.02
Adj. R^2	.18
F	20.05**

*$p<.05$, **$p<.01$

してのブランドの重視（品質志向消費）といった多元化した消費主義的態度は，政治的シティズンシップに正の影響をあたえ，公的生活への参加を促すといえる。こうしたことから，消費主義の政治的シティズンシップへの影響は一様ではないのである。なお，以上の結果は 2007 年調査のデータを用いた分析（ただし，分析法は順序ロジットモデル）の結果とほぼ同様であるが（水原・寺島 2011），そこでは，ショッピング志向消費に対応する偏執的消費が政治関心に正の効果を示した点が異なる。

3.2　政治的・社会的問題関心

次に，消費主義尺度の政治問題関心に対する影響を検討する。まず，政治的・社会的問題関心についてまとめた表 4-5 をみると，基本属性では，男性

3 分 析

表4-5 政治・社会問題関心のロジスティック回帰分析 [N=1,536]

独立変数	憲法改正		外交・防衛		死刑制度賛否		財政再建	
	係数	オッズ比	係数	オッズ比	係数	オッズ比	係数	オッズ比
男性（ref. 女性）	.07	1.07	.56**	1.76	-.17	.84	.64**	1.89
年齢（歳）	.02**	1.02	.03**	1.03	.01	1.01	.04**	1.04
教育年数（年）	.08*	1.09	.17**	1.19	-.01	.99	.13**	1.14
等価所得（万円/年）	.00	1.00	.00**	1.00	.00	1.00	.00*	1.00
配偶者有（ref. 無）	-.31	.73	.20	1.23	.14	1.15	.51**	1.66
子ども有（ref. 無）	-.07	.93	-.47**	.63	-.26	.77	-.06	.94
職業（ref. 正規雇用）								
専業主婦・主夫	.08	1.09	.29	1.34	-.12	.88	-.25	.78
学生	.50*	1.65	.48*	1.62	.71**	2.03	.33	1.39
無職	.52	1.68	.36	1.43	.51	1.67	-.07	.93
臨時雇用・パート・アルバイト	-.11	.89	-.01	.99	-.18	.84	-.15	.86
派遣・契約・請負	-.35	.71	.17	1.19	-.06	.95	.02	1.02
自営業主・家族従業者	-.11	.90	.48*	1.62	-.04	.96	.02	1.02
経営者・役員	.49	1.64	.12	1.13	-.45	.64	-.35	.71
消費主義尺度								
話題性志向消費	-.03	.97	-.18*	.83	-.07	.93	-.13	.87
ショッピング志向消費	-.20*	.82	-.12	.89	-.18	.83	.13	1.13
合理的消費	.31**	1.36	.29**	1.34	.22*	1.25	.32**	1.38
品質志向消費	.13	1.13	.13	1.14	.23*	1.26	.01	1.01
視覚的消費	-.09	.91	.10	1.10	.01	1.01	.08	1.08
切片	-3.19**	.04	-4.67**	.01	-1.60**	.20	-3.83**	.02
Model χ^2	71.36**		205.2**		35.61**		211.7**	
Nagelkerke R^2	.07		.17		.04		.17	

*p<.05, **p<.01

（性別），年齢，教育年数が多くの問題関心に正の効果を示し，配偶者の有無は財政再建問題の関心にのみ正の効果，子どもの有無が外交・防衛問題の関心にのみ負の効果を示した。職業では，学生が財政再建問題以外の問題で正規雇用よりも関心をもちやすく，とりわけ死刑制度賛否問題で学生は正規雇用に比して関心をもつ見込みが2倍以上になる。消費主義尺度では，視覚的消費はすべての問題関心で有意な効果は認められなかったが，話題性志向消費は外交・防衛問題，ショッピング志向消費は憲法改正問題の関心に負の効果，合理的消費はすべての問題関心に正の効果を示した。

表 4-6　私的生活関連問題関心のロジスティック回帰分析 [N=1,547]

独立変数	失業・貧困		消費者保護		高齢者福祉		子育て支援	
	係数	オッズ比	係数	オッズ比	係数	オッズ比	係数	オッズ比
男性（ref. 女性）	-.06	.94	-.11	.90	-.63**	.53	-.68**	.51
年齢（歳）	.03**	1.03	.02**	1.02	.08**	1.08	-.06**	.94
教育年数（年）	.06	1.06	-.02	.98	.06*	1.06	.05	1.05
等価所得（万円/年）	.00	1.00	.00	1.00	.00	1.00	.00	1.00
配偶者有（ref. 無）	.17	1.19	.05	1.06	.19	1.21	.55**	1.73
子ども有（ref. 無）	-.62**	.54	-.22	.80	-.73**	.48	1.61**	4.98
職業（ref. 正規雇用）								
専業主婦・主夫	.16	1.17	.06	1.06	-.36	.70	.10	1.10
学　生	.50*	1.66	-.12	.88	.38	1.46	-.88**	.42
無　職	-.07	.93	.44	1.55	-.05	.95	.00	1.00
臨時雇用・パート・アルバイト	.42*	1.52	.26	1.30	-.02	.98	-.06	.94
派遣・契約・請負	.53	1.70	-.25	.78	.03	1.03	-.24	.79
自営業主・家族従業者	.00	1.00	-.08	.92	-.38	.69	.22	1.25
経営者・役員	-.55	.57	-.82*	.44	-.25	.78	-.75	.47
消費主義尺度								
話題性志向消費	.18*	1.20	.32**	1.37	.12	1.13	.04	1.04
ショッピング志向消費	-.03	.97	.00	1.00	.12	1.13	-.12	.89
合理的消費	.13	1.14	.13	1.14	.13	1.14	.17*	1.18
品質志向消費	-.19*	.83	-.33**	.72	-.22*	.80	-.01	.99
視覚的消費	.04	1.04	.21*	1.23	.04	1.05	.04	1.04
切　片	-1.26*	.28	-.91	.40	-2.87**	.06	1.07*	2.92
Model χ^2	59.40**		76.29**		252.80**		279.95**	
Nagelkerke R^2	.05		.07		.21		.22	

*$p<.05$,　**$p<.01$

3.3　私的生活関連問題

次に，私的生活関連問題関心についてまとめた表 4-6 についてみていく。基本属性についてはその変数の特性からみておおむね妥当な効果を示している。

ただし，政治的・社会的問題関心の場合と比べて特筆すべき点を確認しておくと，一部の政治的・社会的問題（外交・防衛，財政再建）に関心をもつ見込みは，男性は女性より高かったが（表 4-5），私的生活関連問題である高齢者福祉，子育てに関心をもつ見込みは，逆に，男性は女性よりも低い（表 4-6）のは興味深い。こうした政治問題関心のジェンダー差の背景には性別役割分業の

表4-7 「地球環境保護」問題関心のロジスティック回帰分析 [$N=1,547$]

独立変数	係数	オッズ比
男性 (ref. 女性)	−.34*	.72
年齢 (歳)	.02*	1.02
教育年数 (年)	.05	1.06
等価所得 (万円/年)	.00	1.00
配偶者有 (ref. 無)	.09	1.10
子ども有 (ref. 無)	−.07	.93
職業 (ref. 正規雇用)		
専業主婦・主夫	.01	1.01
学　生	.33	1.39
無　職	.11	1.12
臨時雇用・パート・アルバイト	.28	1.32
派遣・契約・請負	−.12	.89
自営業主・家族従業者	.23	1.26
経営者・役員	−.28	.76
消費主義尺度		
話題性志向消費	−.12	.89
ショッピング志向消費	.07	1.07
合理的消費	.16*	1.18
品質志向消費	.12	1.13
視覚的消費	.04	1.04
切　片	−1.69**	.18
Model χ^2	73.05**	
Nagelkerke R^2	.06	

*$p<.05$, **$p<.01$

影響があるように思われる。

　消費主義尺度については，話題性志向消費，合理的消費，視覚的消費が一部の問題関心に正の効果を，品質志向消費は一部の問題関心に負の効果を示した。繰り返し述べてきたように，話題性志向消費や視覚的消費を従来，消費主義的態度とされた記号／差異化消費とすれば，消費主義は私的生活問題関心に関しては政治的シティズンシップに正の影響をあたえるといえる。また，私生活化研究にそくしていえば，私的生活の重視は政治的・社会的問題関心に負の影響をあたえるものの，私的生活関連問題関心を促すため，多くの私生活化研究の主張どおり，私的生活の重視は政治関心に偏りをあたえるといってよい。しか

し，消費主義を多元化したものとしてとらえれば，下位尺度の効果は一様ではなく，たとえば，合理的消費は子育て支援問題の関心に正の効果，品質志向消費は負の効果を示している。合理的消費，すなわち，消費において費用対効果を理性的に判断し，冷静な消費行動を重視する消費者は政治問題関心が私的生活関連に偏らないように思われる。

3.4 地球環境保護問題

最後に，政治的・社会的問題と私的生活関連問題に両属すると位置づけた地球環境保護問題についてまとめた表4-7をみていく。基本属性については男性で負の効果，年齢で正の効果が認められ，とくに男性（性別）の効果が相対的に大きく，男性は女性よりも地球環境保護問題に関心をもつ見込みが低い。これは，私的生活関連問題関心の場合と同様である。他方，消費主義尺度については，合理的志向消費のみが正の効果を示している。

4 結　論

以上の検討結果を要約的に述べると，多元化した消費主義は政治的シティズンシップに一様に負の影響をあたえず，正の影響をあたえる消費主義的態度もみられた。私生活化研究が主張してきたように，私的生活の重視は公的生活に負の影響をあたえるとか，政治問題関心も私的生活関連に偏らせるとは一概にいえないのである[7]。具体的にいえば，消費主義的態度のうち，合理的消費を重視する消費者の政治問題関心は私的生活関連に偏るとはいえず，彼らは政治的・社会的問題にも関心をむけるのである。なお，同様のことは品質志向消費にも一部あてはまる[8]。では，どうして合理的消費や品質志向消費は政治的・社会的問題関心に正の影響をあたえるのだろうか。これについては，脱物質主義，健康や生活リスクなどの第三変数の効果も考えられるものの，先述したように，これらの消費主義的態度が社会性をもっていること（社会的消費主義）が影響していることも十分に考えられる。

ところで，本研究で確認した消費主義と政治的シティズンシップの多元的な関連性が今後，どのように推移するのかは判然としない。本研究の分析で用い

たデータは 2010 年に実施した社会調査で収集したものであり，東日本大震災 (2011. 3. 11) 以前のデータである．そのため，震災以降，消費主義の多元化がさらに顕著になり，話題性志向消費や視覚的消費，つまり，記号／差異化消費が傾向的に縮小したかもしれない．言い換えれば，消費者は震災以降，単なる記号／差異化消費に明け暮れるのではなく，復興支援消費，抗リスク消費，環境配慮的消費などにも積極的になり，消費が以前にもまして社会性をもつようになったかもしれない（社会的消費の活発化）．その結果，社会的消費主義は政治的シティズンシップに強い正の影響をあたえることが予想される．しかし，震災の「風化」が進み，原子力に代替する資源が開発され，景気の長期的な回復が実現するとしたら，社会的消費は縮小し，記号／差異化消費が活性化するかもしれない．その場合，社会性が記号として消費されることも考えられよう．こうしたことから，今後の動向について注意深くみていく必要があるだろう．

最後に，本研究の検討結果を思想史的な視点から評価しておくと，私的生活（オイコス）と公的生活（ポリス）は古代では，決然と区別されていたが，とりわけ近代以降，私的生活と公的生活が相互に混淆するようになったという（Arendt 1958=1994: 55）．これは1つには私的生活に関連する問題が政治的に扱われるようになったことを意味している．それでも，経済発展を享受した先進地域では私生活化が進み，元来，「西欧市民社会の正統な伝統にねざす政治的社会的諸事象（public affairs）」（宮島 1980: 135）であるはずの政治的・社会的問題への関心は低下し，私的生活関連問題への関心が高まっていった．こうして，消費社会化のなかで，近代的な政治主体として期待された「市民（citoyen）」は「私民」へと変貌（堕落？）したことが，私生活化研究において憂慮されたのである．ところが，本研究の検討の結果，社会的消費に重点をおき，そのなかで消費主義を追求する消費者，つまり，「社会的消費主義者」，あるいは「市民＝消費者」は政治的・社会的問題に対しても関心をむけていることが示唆された．しかしながら，それでもなお，こうした社会的消費主義者がさらに進んで，近代的な政治主体＝市民として，直接的な政治行動を活発化させていくのかは判然とせず，今後の動向を継続的に注視する必要があるだろう．

注

1) 「政治的，社会的問題」の名称は宮島（1980: 135）の記述による。
2) 多くの疎外論は，初期マルクスがそうであるように，人間の本質的な属性として「共同的存在」を想定することで展開されるが，そうした本質は率直にいって前構造主義的なイデオロギーにすぎない。なお，私生活化研究が参照するJ. K. Galbraithの依存効果論にも，欲求の本質主義が認められるが，そもそも「本当の欲求」などは想定できるわけではない。
3) データは首都圏を中心に2007年に実施した社会調査によって収集した。単純集計などは間々田孝夫研究室のHPから確認できる（2013年3月2日取得, http://www2.rikkyo.ac.jp/web/mamadalab/index.htm）。
4) 水原・寺島（2011）では「誇示的消費（conspicuous consumption）」。
5) 表4-1について，政治関心の「関心あり」の比率は「関心がある」「やや関心がある」の観測度数を合算してもとめた値。「参院選投票」は「選挙権がなかった」の度数をのぞいた$N=1,635$，そのほかはいずれも$N=1,749$。
6) 「あてはまる」の比率は「あてはまる」「ややあてはまる」の観測度数を合算してもとめた値。
7) 本章の副題「私生活化の展開／からの転回？」に答えるとすると，従来の私生活化研究は現状を適切にとらえておらず，あえて控えめにいうとすれば，現状は私生活化から転回しつつあるということになろう。
8) ただし，本文で先述したように，データの偏りを考慮すると結論の一般化には慎重でなければならない。

○ 廣 瀬 毅 士

第5章 社会階層による消費水準の差異
―― 消費に社会階層間格差は生じているのか？――

1 消費と社会階層

　いま，現代の日本の経済社会を語るうえで「格差」という言葉が1つの重要なキーワードとなっている。橘木 (1998) を契機として2000年頃から「中流崩壊」論争が起こったが，これらの議論はもともと所得あるいは資産に関する格差が議論の中心であった。しかしその後，もともと企業に対して用いられた「勝ち組・負け組」という言葉が個人について用いられ，「格差社会」というポレミックな言葉が2006年の流行語大賞のトップテンに選出されたように，社会階層における地位の違いがさまざまな生活格差をもたらしているのではないかという疑いが日常レベルにおいても議論されている。そのなかで，たとえば不安定な雇用に起因する貧困問題がしばしば取り上げられているが，それは雇用形態や従業上の地位といった職業に関わる社会階層の違いが必需レベルを含めた消費水準の差異をもたらしているということを意味している。本章では，このようにいまや重要なトピックとなっている消費水準の差異について，社会階層に関わる諸要因に着目してデータに基いた論考を進めたい。

　議論に先だって，消費と社会階層論の関わりについて整理しておこう。そもそも社会階層とはなんらかの不平等の存在を前提としたハイアラーキカルな構造であるが，社会階層論では社会的諸資源が不平等に分配されている状態（富

永 1979）という概念定義がなされている[1]。たとえばマクロ社会レベルにおいては，産業化のような大きな社会変動を伴う時代における階層構造の変化は社会的諸資源の配分過程や供給の量的変化に原因を求めることができるし，ミクロレベルにおける階層的地位の変化は個々人の社会的資源の獲得過程であると分析的に把握することが可能である。換言すれば，階層（strata）とは動態的な成層化（stratification）の過程における地位と考えるのが社会階層の理論である。したがって現代に連なる社会階層理論の創始者である P. A. Sorokin（Sorokin 1927）の流れをくむ階層研究においては，人びとの位置する階層地位が変化していくさま——彼が社会移動（social mobility）と呼んだ動態的側面の分析——がおもな関心事となってきた（富永 1986）。

　一方で，社会移動分析のような社会階層の動態的側面とは別に，階層構造における地位によって生活意識・行動が分化するという議論も古くからなされている[2]。本研究のテーマである消費に関していうと，古くは T. Veblen（1899＝1998）が顕示的消費という概念を用いたことから示されるように，消費が階層地位を表示する機能があることが広く受け入れられてきた。また，それぞれの個々の階層に特有な下位文化に関する記述的な研究も多く，現代においてもイギリスにおいて「階級文化」の存在が論じられているようだ（難波 2003）。日本では産業化に伴う「中」意識の拡大によってそのような階層文化の存在が語られることはあまりなかったが，近年になってから資産格差による消費の階層分化が観察できるという階層消費論が大きな話題となり（小沢 1985），また平成2年版『国民生活白書』（経済企画庁編 1990）でも「持てる者と持たざる者」の不平等が指摘された。

　多元的概念としての社会階層に関する経験的な研究においては，教育・職業・所得をその主要な三次元として把握することが多く，本研究の分析においてもそれを基本的な立脚点とする。このうち職業の階層については一般的に産業分類・職業中分類に基づいた〈仕事の内容〉を示すカテゴリー分類を用いることが多いものの[3]，それ以外にも格差をもたらしうる職業階層に関わる要因が，近年いくつか論点提示されている。たとえば R. B. Reich（2000＝2002）が述べるような，創造的な労働に従事する中核的労働者とマニュアルにしたがう単純労働者とに二極分解するという指摘である[4]。この労働者の分解が企業内昇進で

の格差を生むとともに，前者は正規雇用として維持する一方で後者は非正規雇用に置き換えうるが，はじめに述べたように雇用形態の差が将来展望や生活水準の格差を生むということもしばしば議論されるところである．

社会階層が要因となって消費に差異を生じさせるという議論としては，消費者行動論において消費者セグメンテーションの古典的な区分軸として社会階層が用いられてきたことを挙げることができる．また，社会学における社会階層研究の立場からは，中井（2011）が文化・余暇・消費活動の因子分析から得た「消費ライフスタイル」を描出し，それらの規定要因を社会階層変数を含めた回帰モデルによって分析している．中井美樹の研究はいわば消費のパターンを探求対象とするものであり，消費の水準的差異について問う本研究とは本質的に異なる視点に立っているものの，文化消費には職業・学歴といった社会階層間の差異が存在するとしている．

その一方で，社会階層が消費格差についての直接的な要因となることについて懐疑的な意見もある．D. Bell（1976＝1976）や村上（1984）は，消費のような文化的要素が関係する行為では，社会階層との関連性は小さくなっているという．また，間々田（2000）も，消費社会化じたいがそもそも消費生活の階層間格差を縮小させて平等化をおしすすめるものであり，階層間格差とは階層を象徴する消費財の働きによる主観的な感覚であると論じている．また，今田（2000）が整理するようにポストモダン論においても消費といった生活様式は社会階層のような社会構造から遊離するという議論がある．これらを受けて，本研究では消費に社会階層要因による水準的差異があるか否かについて，統計的な社会調査のデータ分析を通じた検討を行っていこう．

2 データと分析枠組み

2.1 検証すべき仮説

前節で示した先行研究の視座および被説明概念（concept）はそれぞれ異なるものの本研究が探求する〈消費の水準〉の規定要因について重要な示唆を与えており，本研究では以下の仮説を導出する．第1に，先に社会階層の主要な三次元として挙げたもののうち，ミクロレベルであっても消費水準に直接結び付

表5-1 消費水準の規定要因に関する仮説

仮　説	想定する規定要因	先行研究
社会的要因仮説	教育・職業的階層地位	消費者セグメンテーション研究，中井（2011）
資産仮説	金融資産・実物資産	小沢（1985），経済企画庁編（1990）
クリエイティブ仮説	業務内容の創造性	Reich（2000＝2002）
不安定雇用仮説	従業上の地位（安定的な労働：常雇＋自営・家族）	格差社会論（正規雇用／非正規雇用）
無効仮説	———	Bell（1976＝1976），村上（1984）

くと容易に想像できる所得を除く，教育・職業的階層地位の2つが差異を生み出す要因とする〈社会的要因仮説〉である。第2に，いわゆる格差の議論が経済的視点から始まったことや，金融資産・実物資産の保有状況を原因とした消費の階層分化といった議論を反映して，これらが有意な規定要因と措定する〈資産仮説〉である。第3に，クリエイティブな仕事に従事するか否かによって規定されるという〈クリエイティブ仮説〉である。第4に，他の要因を統制しても非正規雇用といった不安定な雇用状況が消費水準を押し下げるという〈不安定雇用仮説〉である。また，これらと対立する仮説として，社会階層的要因がいずれも効果をもたないという〈無効仮説〉を想定することができる。ここまでに挙げた，本研究で措定する消費水準の規定要因に関する仮説についてまとめたものが表5-1である。

2.2 分析に用いた変数

前項で列挙した仮説を検証すべく行ったデータ分析について，以下に枠組みを述べよう。仮説との対応関係は後述（3.3項）するが，説明変数として教育年数・等価世帯収入・保有金融資産などの階層諸変数・仕事の業務内容に関する創造性に関する質問を用いた。ほかに住居形態の質問から持ち家ダミー変数を作成し，従業上の地位から安定労働ダミー変数（常雇の被雇用者および自営・家族従業）を作成した[5]。さらに，同時に投入する説明変数にすべく従業上の地位および仕事の内容の2変数を用いた職業階層地位の分類を行ったが，その結果は次節にて提示する。

また，前述の仮説で共通の被説明概念とした「消費の水準」に対応する被説

表5-2 分析に用いた変数の基本統計量

	平均値	標準偏差	
自由に使えるお金（万円）	4.01	3.81	連続変数化
教育年数	13.91	2.11	〃
等価世帯収入（年収，万円）	452.15	261.24	〃
保有金融資産（万円）	368.45	240.01	〃
持ち家（ダミー）	0.73	0.45	
安定労働（ダミー）	0.65	0.48	常雇＋自営・家族
業務内容：			
いつも決まった作業が多い	1.89	0.86	4件法の加重平均
消費者と直接接することが多い	2.60	1.27	〃
情報やデータを分析することが多い	2.65	1.07	〃
新しいアイディアを生み出すことが多い	2.83	1.01	〃
従業上の地位			複数の選択肢から単一選択
職業（仕事の内容）			〃

明変数として，ここでは消費のために自由に使える金額（月間）を用いている。この変数は消費に関わる金銭的な数量的概念であり直接的には消費者としての購買力を指すものの，後の実証分析では前述の等価世帯収入によって統制するので，収入の増加関数である購買力の格差を除いてもなお残る消費に費やしうる／費やそうとする金銭の水準的差異ということになる。たとえば，消費への意欲を反映したものとなろう。

これらの諸変数について，平均値と標準偏差を記したのが表5-2である。

3 データ分析の結果

3.1 社会階層——職業階層地位の分類

さて，先に挙げた仮説検証の計量分析を行う前に，仮説で用いた概念を操作化した変数を適切に作成しなければならない。とりわけ，社会階層をもとに分析を進めるうえでは社会階層をいかに区分するかが重要になる。社会階層研究においては職業が階層地位区分の中核に据えられてきたが，これについては多くの階層分類が試みられてきた。たとえば，仕事の内容に基づく職業分類から8つのカテゴリーを作成したSSM職業大分類（尾高 1958）が日本の階層研究

表5-3 職業階層地位の分布（％表）

	専門・経営	ホワイトカラー	ブルーカラー	自営	農業	合計
男性（$n=588$）	35.9	27.4	23.8	12.1	0.9	100.0
女性（$n=523$）	24.1	61.6	2.7	10.3	1.3	100.0
合計（$N=1,111$）	30.3	43.5	13.9	11.3	1.1	100.0

では長く用いられてきたし，それに従業上の地位と企業規模を加えた総合職業分類も開発された（安田・原 1984）。また，国際比較研究においては J. H. Goldthorpe らの階層分類（EGP カテゴリーあるいは CASMIN 分類，class schema とも呼ばれる）がしばしば用いられているが，ここでも従業上の地位や企業規模などの要素が加味されている（Erikson, Goldthorpe and Portocarrero 1979; Erikson and Goldthorpe 1992）。

本研究は Goldthorpe らの EGP カテゴリー／階層分類（class schema）に基本的に立脚しつつ次の5つの職業階層地位を階層分類として作成し，後の分析に用いた。

1. 専門・経営：Goldthorpe らの「service class」に対応したもの。
2. ホワイトカラー：Goldthorpe らの「routine non-manual worker」に対応したもの。
3. ブルーカラー：Goldthorpe らの「skilled worker」と「non-skilled worker」に対応し，これら2つを統合したもの。
4. 自営：Goldthorpe らの「petty bourgeoisie」に対応したもの。
5. 農業：Goldthorpe らの「farmer」「agricultural labourer」に対応し，これら2つを統合したもの。

これら以外にも「主婦・主夫」および「無職」「学生」などが標本のなかに多数存在するが，もちろんこれらは職業ではないため，職業を中心とした階層的地位によって比較するという方針に基づき分析から除外した。表5-3はこの分類による階層的地位の分布である。

表5-4 仕事の業務内容に関する創造性の主成分分析

変数（質問項目）	第1主成分	第2主成分
主成分負荷量		
新しいアイディアを生み出すことが多い（反転）	.863	.119
情報やデータを分析することが多い（反転）	.812	.091
いつも決まった作業が多い	.633	−.440
消費者と直接接することが多い（反転）	.111	.926
固有値	1.818	1.073
寄与率	45.4	26.8
累積寄与率	45.4	72.2

3.2 業務内容に関する創造性の合成指標

次の操作化の試みとして，仮説で述べた創造的労働を説明要因として用いるべく，仕事の業務内容に関する創造性に関して設けた質問から主成分分析を行い，合成指標の作成を行った。これに関する質問としては，「いつも決まった作業が多い」「消費者と直接接することが多い」「情報やデータを分析することが多い」「新しいアイディアを生み出すことが多い」の4つを設けている。これらに対しては，いずれも［1：あてはまる，2：ややあてはまる，3：あまりあてはまらない，4：あてはまらない］という4件法によって回答を得ているため，創造性が高いほど値が大きくなるように適宜値を逆転し，主成分分析を行ったのが表5-4である[6]。

この分析結果によると第2主成分は「消費者と直接接することが多い」だけが強く関係しており，たんに対人的業務であるか否かを分ける主成分と考えられるため，第1主成分だけを採用する[7]。また，その主成分得点をもって仕事の創造性に関する合成指標と考え，以下では「仕事の創造性尺度」と名付けたうえで以降の分析に使用する。

3.3 消費水準の社会階層間格差の分析

最後に，消費水準の階層格差の分析として，消費のために自由に使える金額を被説明変数とした多変量解析を行った。その際の説明変数は，消費水準の量的な差異について述べた各仮説がそれぞれ措定する要因ということになる。すなわち〈社会的要因仮説〉に対しては教育年数および本節で作成した職業階層

地位,〈資産仮説〉に対しては保有金融資産および持ち家ダミー(基準カテゴリー:持ち家なし),〈クリエイティブ仮説〉に対しては本節で作成した仕事の創造性尺度,〈不安定雇用仮説〉に対しては安定労働ダミー(基準カテゴリー:不安定労働)である。さらに,不安定雇用の効果は職業によって異なることを想定して職業階層地位と安定労働の交互作用項を説明変数としてすべて同時に投入し,統制変数として等価世帯収入も投入した。性別によってモデルの構造そのものが異なることを想定して,あらかじめ男女別にサンプルを分けたうえで共分散分析(Analysis of Covariance: ANCOVA)を行った結果が,表5-5である[8]。

この表5-5から,はじめにモデル全体の有意性検定を行った結果である(a)と(c)をみると,男性サンプルではF値12.142(自由度10, 437)でAdj. R^2が.200,女性サンプルではF値13.162(自由度11, 399)でAdj. R^2が.246であり,男女いずれにおいてもF検定の結果$p<.01$となってモデルは有意となっている。

次にこの表5-5の(b)と(d)から,個々の説明変数についての効果を検討していこう。消費水準を規定する基本的な変数と考えられる等価世帯収入については,男女ともp値が1%未満となっており有意な効果をもっている。また,〈社会的要因仮説〉を構成する階層変数である教育年数についても,男女とも有意な効果をもっていることがわかる。

その一方で,保有金融資産および持ち家ダミーについては,男女ともp値が10%を超えてしまうことからどちらの変数も有意な効果があるとはいえなかった。他の要因を統制して条件を一定にすれば,金融・不動産の資産有無による直接的な効果があるとはいえず,〈資産仮説〉を棄却することになる。

また,仕事の創造性尺度については男女で異なる結果を示しており,女性ではp値が1%未満とこの変数の有意な効果を示しているのに対して,男性ではp値が10%を超えており,これが説明変数として無効果であるという帰無仮説を棄却できない。つまり男性は創造的労働に従事するか否かによって消費水準の高低を決定する直接効果があるとはいえず,〈クリエイティブ仮説〉は女性においてのみ支持しうることになる。

そして安定労働の有無については,職業階層地位との交互作用効果が男女の

3 データ分析の結果

表5-5 消費のために自由に使える金額の共分散分析（男女別）

(a) 男性：モデルの有意性検定

要因	平方和	自由度	平均平方和	F値
級間要因	1275.634	10	127.563	12.142**
級内要因	4591.102	437	10.506	
全体	5866.736	447		

$R^2 = .217$, Adj. $R^2 = .200$

(b) 男性：変数の有意性検定

要因	平方和	自由度	平均平方和	F値
教育年数	90.119	1	90.119	8.578**
等価世帯収入	610.502	1	610.502	58.110**
保有金融資産	16.713	1	16.713	1.591
仕事の創造性尺度	1.126	1	1.126	.107
持ち家ダミー	2.914	1	2.914	.277
職業階層地位	14.291	2	7.145	.680
安定労働ダミー	22.486	1	22.486	2.140
職業階層×安定労働	12.211	2	6.106	.581

(c) 女性：モデルの有意性検定

要因	平方和	自由度	平均平方和	F値
級間要因	1749.760	11	159.069	13.162**
級内要因	4822.000	399	12.085	
全体	6571.760	410		

$R^2 = .266$, Adj. $R^2 = .246$

(d) 女性：変数の有意性検定

要因	平方和	自由度	平均平方和	F値
教育年数	159.885	1	159.885	13.230**
等価世帯収入	361.854	1	361.854	29.942**
保有金融資産	29.578	1	29.578	2.447
仕事の創造性尺度	135.627	1	135.627	11.223**
持ち家ダミー	18.432	1	18.432	1.525
職業階層地位	106.085	3	35.362	2.926*
安定労働ダミー	8.314	1	8.314	.688
職業階層×安定労働	13.075	2	6.537	.541

(a)〜(d)のいずれの表においても**: $p<.01$, *: $p<.05$

いずれにおいても有意ではなく，また安定労働か不安定労働かということの主効果についても，男女とも有意でないという結果になった。これについても，他の変数を統制すれば効果はないということになり，〈不安定雇用仮説〉については支持できない。

職業階層の主効果については，男性サンプルでは p 値が 10% を超えてしまい有意でなく，職業階層地位の如何によって消費に費やすことのできる金額に有意な差がないということになる（本章では割愛するが，推定周辺平均値を用いた多重比較においても，いずれのカテゴリーのペアごとにみても有意な差はなかった）。これに対して，女性サンプルでは職業階層地位の主効果が 5% 水準で有意である。ただしこれは，推定周辺平均値の多重比較でみるかぎりホワイトカラーと専門・経営の間に有意な差がある（ホワイトカラーのほうが高い）ということによるもので，他のペアでは有意な差がない。

全体を通じていうと，教育年数の男女での効果，女性での職業階層や創造性といった効果が部分的にせよみられたことで，〈無効仮説〉もまた棄却されることになる。

4 結論と考察

本研究では消費水準の差異を基本的な着目点として実証分析を行ったが，そもそも本研究で「消費水準」と呼んだ概念のインプリケーションに注意しつつ論考を進めたい。2.2 項で述べたように，分析で用いた被説明変数は直接的には金銭的な数量であるものの，データ分析では収入を統制していることで単なる購買力の格差もまた統制されている。つまり本研究が探求の対象とした消費の水準の差異とは，購買力の差異を統制してもなお残るような消費に費やせる／費やそうとする金額の水準的差異ということであり，いわば金額によって客観的に測定された消費意欲の発現といえよう。

そのような前提で本研究の実証分析に考察を加えると，金融資産や持ち家といった資産保有による効果は認めることができなかったということは，資産保有の格差あるいはその継承が直接的な効果として消費水準の差異をもたらすといったストーリーが現実に適合しないことを示している。また，雇用の安定性

についても同様で，少なくとも消費水準に関するかぎり安定雇用と不安定雇用の間には決定的な断層があるとはいえず，その差は世帯収入など他の変数を統制したときに吸収されるほどのものにとどまるということになる。

また，教育の効果については，これが収入や職業的地位に媒介されて消費水準に作用する間接効果とは別に，直接的な効果が男女双方においてみられることは興味深い。これは，消費というものがある種の文化実践であることを如実に示しているのではないだろうか。そもそも Veblen（1899＝1998）が奢侈に傾く有閑階級を批判的に描いているのも，J. B. Schor（1998＝2000）が現代アメリカ人の浪費の原因を上位階層（準拠集団）の消費への憧れに求めているのも，消費実践が階層地位によって異なることを前提にしつつ，同時に模倣可能であることも想定していることになる。とすれば教育の効果とは，中井（2011）の示すような「消費ライフスタイル」といった消費のパターンや指向性などの質的差異を生じさせ，結果的に消費意欲および消費水準の差異を生じさせる作用ではないだろうか。

そして，創造的労働への従事や職業階層の違いは，男女で異なるため明確な結論は得られないものの，女性において一定の効果はあることが示された。この理由は今回の分析枠組みでは明らかにできないものの，興味深い結果だといえる。つまり男性の場合は他の社会階層変数を統制したときに創造性による差異が直接効果をもたず間接効果しかもたないことになるが，同時に創造性が職業階層や収入に反映されていることを示唆している。その一方で女性において直接効果をもつということは，仕事の創造性が職業階層や収入に十分反映されない状況を示しつつ，それらを経由しないかたちで創造的な労働への従事が消費水準の高度化といった経済生活の変容をもたらしうるということであり，Reich（2000＝2002）の議論に新しい可能性を与えているといえるだろう。

注

1) 20世紀アメリカで発展した社会階層理論では，19世紀ヨーロッパの社会的現実を反映した C. H. de Saint-Simon や K. Marx らの階級理論とは異なり，物的資源・関係的資源・文化的資源といった多元的な社会的資源の分配状態として概念化される（富永 1986）。

2) 消費と社会階層に関する論究では，P. Bourdieu らによる文化的再生産論 (Bourdieu and Passeron 1970 = 1991; Bourdieu 1979 = 1990) が 1 つの理論的立場をなしているが，これは消費を含む行動・認識についての身体化された文化実践が社会階層のような社会的境界を作るといった世代間継承に関わる議論であるので，本研究の議論とは少し視座を異にする。
3) 「職業威信スコア」のように，職業の威信（prestige）に関する主観的評価を連続変数として測定した指標もあるが，このスコアは職業の小分類レベルで与えられるものなので，我々のデータには適合しない。
4) R. Florida（2002 = 2008，2005 = 2007) が「新しい階級」とする「クリエイティブ・クラス」も類似のアイディアに基づくが，その中には一般的にいう知識労働者のほかに詩人や小説家などのアーティストも含まれており，やや分類の次元が異なるようである。
5) ここで「安定雇用」あるいは「正規雇用」などといった呼称を採用しなかった理由は，自営および家族従業を含めているからである。
6) これら多変量解析モデルについては，後の分析も含めて SPSS for Windows ver. 19.0J を用いて計算を行った。
7) ここに掲げた 4 変数から「消費者と直接接する」を除いて 3 変数で主成分分析を行うと 1 つの主成分だけが得られ，その負荷量も本章に掲載したものとほぼ同じである（決まった作業：－.649, 情報やデータの分析：.810, 新しいアイディアを生み出す：.857, 固有値：1.812）。また，創造性得点とした主成分スコアについてもほぼ同じ数値が得られる。なお本研究で 3 変数から計算された結果を採用しないのは，4 変数から恣意的に 3 変数を選んだのではないことを示すためである。
8) このモデルは，ダミー変数を複数設定して，それぞれのカテゴリーから作られる交互作用項を導入した重回帰分析モデルによっても表現可能であるが，本研究の分析の目的がそれらの項のパラメータの大きさの同定にあるのではないため，より簡潔に表現できる ANCOVA モデルによって表現している。なお，この計算は SPSS の「一変量の一般線型モデル」（UNIANOVA コマンド）を用いた。

○ 三田 知実

大都市における社会関係と消費志向
―― 友人数に着目した都市消費文化研究 ――

1 研究の背景と本章の目的

　高度経済成長期以降，東京圏には地方から多くの人びとが流入してきた。郊外が拡大し，経済活動に特化した都心（東京23区）と，居住に特化した郊外という都市機能の分化が図られてきた。公共交通機関を利用し，通勤・通学や余暇活動を行ってきた人びとも多い。郊外の拡大に伴い，東京都心から30 kmから40 km離れたベッドタウンも多く存在する。首都圏では通勤・通学に2時間近くの時間を費やす人びとも多い。

　こうした住民は居住地近隣のみならず，首都圏の広範囲に住まう人びととも友人関係を結んできた。たとえば，東京都心に通勤・通学する埼玉県の住民が，企業や学校で東京都の住民，神奈川県の住民，千葉県の住民や，茨城県の住民と友人関係を結んでいる例を挙げることができる。この事例は，郊外の拡大を反映した典型例である。

　この背景には，不動産事業者としての私鉄事業者が，宅地造成を積極的に行いながら，東京都心部の商業施設開発に積極的に取り組んできたことが挙げられる。1970年代以降，多摩田園都市構想を遂行した東急資本は，東急線のターミナル機能を果たす渋谷駅周辺部の開発を積極的に行った。「東急百貨店」や「渋谷109」がその代表例である。西武資本は，西武池袋線沿線の宅地造成

を行い，都心ターミナル機能を果たす池袋駅に，「池袋西武」や「池袋パルコ」をオープンさせた。その後西武は渋谷にも事業進出し，「渋谷西武」と「渋谷パルコ」をオープンさせた。1980年代のバブル経済期には表参道に海外高級ブランドの直営店もオープンしはじめた。J. Baudrillard がいうところの記号価値を追求する人びとが都心に集まり，衣服などの身体装飾に関連する財を消費し，自らの個性を演出しはじめた。消費社会ならではの雰囲気を，東京都心で体感することができたのも，1970年代以降であるといえよう。

　消費社会化した大都市における人びとの友人関係形成において重要な要素として，身体装飾による外見を挙げることができる。G. Simmel は，外見を個性の主たる構成要素であると捉え，論文「大都市と精神生活」(Simmel 1903＝1976) やいわゆる「流行論」(Simmel 1911＝1976) のなかで議論を展開したといえる。Simmel は前者の論文において，人格的自由に基づく個性化が，大都市におけるライフスタイルの核心をなすようになると主張している。そして人格的自由に基づく個性化が，大都市における流行を促すようになると述べた (Simmel 1903＝1976)。後者の論文では，流行は，一方では模倣現象であるという。それと同時に他方では，個性化の欲求をも満足させる要素であるという (Simmel 1911＝1976)。つまり Simmel は個性化のための消費を，都市社会集団への参与を可能にする手段として捉えたのである。

　Simmel 以降の都市社会学が明らかにしてきたとおり，大都市には多種多様なタイプの人びとがたくさん存在する (Fischer 1975＝1983)。当該人物が，あたらしい友人関係を結ぶか，結ばないかを判断する際，個性を構成する一要素である外見が判断材料となることが多い (Fischer 1975＝1983)。つまり，都市住民の友人関係形成には，外見と，それを規定する消費の志向を重要な要素として位置づけることができる。

　とりわけ大都市住民のなかには，居住地近隣で日常生活を営む人びとだけでなく，時間をかけて通勤・通学を行う人びとが多い。つまり友人関係形成の場所が，居住地近隣と，居住地から離れた職場・学校に分かれるのが，大都市生活特有の現象であるといえる (矢部 2004)。

　このように考えてゆくと大都市住民は，日常的移動の範囲内において，複数の友人関係を保有しているといえる。先述のとおり，友人関係形成の際，外見

とそれを規定する消費が重要な要素である。このことをも考慮すれば，大都市住民がもつ距離別の友人数が，彼／彼女らの消費の志向にどのような効果をもたらしているのか？　という問いを明らかにすることを目的とすることは，都市研究と消費研究を結び付けた独自性のある研究として，意義づけることができる。

　そこで本研究はこの問いを明らかにするために，東京圏に住まう住民が保有する，居住地からの距離別友人数が，彼／彼女らの外見を規定する消費の志向にどのような効果をもたらすのか？　という問いを明らかにすることを目的とする。

　本章の構成は以下のとおりである。次節では本研究と関連の強い消費研究と都市社会学の研究動向を概要的に説明する。そのうえで本研究の位置づけを明確化する。3節では，分析に用いる変数の説明を行う。4節では変数として用いた調査対象者の距離別友人数，属性項目と，調査対象者の居住地について概説する。5節では従属変数として用いた消費志向についての説明を行う。6節では本研究の問いを明らかにするための分析結果を提示する。7節では分析結果の考察と，本研究の結論を述べる。

2　先行研究の動向と本研究の位置づけ

　本節では，本研究に大きく関連する先行研究である，消費研究と都市社会学の学術的動向を整理しながら，本研究の位置づけを明確にする。

2.1　消費研究の研究動向

　まず消費研究の学術的動向について概説しよう。先述のとおり社会学における消費研究は，古くは19世紀後半のSimmelの議論から存在する（Simmel 1911＝1976）。その後の代表的な研究として，戦後のD. Riesmanに代表される大衆社会論（Riesman 1964＝1968），1970年代のBaudrillardにより展開された消費社会論（Baudrillard 1970＝1979）や，近年の日本における間々田孝夫の消費文化研究を挙げることができる（間々田 2000, 2007）。

　先述のSimmelは流行を，模倣現象であると同時に，個性化の欲求を満たす

要素であることを主張した（Simmel 1911＝1976）。Riesman は，彼の著書『何のための豊かさ』のなかで，戦後経済成長がもたらした，アメリカ社会における大量生産体制の普及をもとに，消費ノルムである「スタンダード・パッケージ」概念を生み出した（Riesman 1964＝1968）。それにより中間多数派により実践される大衆消費文化について議論した。

Baudrillard は財の使用価値と記号価値を区別し，財に付与された記号価値の絶え間ない差異化が，消費社会を成立させる要件として見定めた（Baudrillard 1970＝1979）。そして近年の代表的研究として，間々田孝夫の研究が挙げられる。間々田は著書『第三の消費文化論』で，Baudrillard の消費社会論や，R. Inglehart の脱物質主義を援用しながら，現代消費社会における消費にたいする態度を，物質主義，脱物質主義，真物質主義の3つに類型化している（間々田 2007）。こうして間々田は，現代社会においては，物質主義，脱物質主義のほかに，真物質主義の要素が強まる傾向にあることを見出したのである（間々田 2007）。

このように，これまでの消費研究は，諸個人の消費の志向や消費行動の最新動向を把握し，それを社会学の理論枠組みで説明を行ってきた。ただ，人びとの消費の志向やテイストを媒介とした友人関係の形成に言及した実証的研究は，いまだ存在しないといえる。

消費社会特有の記号価値は，他者の存在を前提として成立する。つまり他者に自分の消費の嗜好や，外見を認識してもらい，同類結合の契機が生み出される。友人の数が，消費の志向に影響をおよぼしているといえる。それゆえ，人びとの消費の志向を，友人数の観点から実証的に研究を行うことは，消費研究においても，意義のある研究として位置づけることができる。

2.2 都市社会学の研究動向

いっぽう，都市住民の友人関係形成に関する研究は，1980年代以降の都市社会学で積極的に議論が蓄積されてきた。都市社会学の源流は，1920年代のシカゴ学派都市社会学に求められる。1920年代の都市社会学は，都市の成長が，人びとの社会生活にどのような影響をもたらすか？　という問いにたいする答えを積極的に追求した。その答えは，L. Wirth の論文「生活様式としての

アーバニズム」(Wirth 1938=1978) が明確化している。Wirth の議論を端的にまとめると，つぎのようになる。都市の成長は，人びとの社会関係を，第一次的関係から，第二次的関係に変容させるというものである。

その後，この Wirth が生み出したテーゼにたいする反証的研究が登場した。たとえば W. F. Whyte や H. J. Gans によるボストンのイタリア系移民コミュニティの研究が挙げられる (Whyte 1945=2000; Gans 1962=2006)。これらの研究では，都市の成長が必ずしも，人びとの社会生活を第二次的関係を基盤としたものに変容させるわけではないという主張を，エスノグラフィックな記述を用いて行っている (Whyte 1945=2000; Gans 1962=2006)。

1970年代に入ると，それまでの都市社会学が蓄積してきた議論を整理しながら実態に沿ったテーゼが生み出された。それは C. S. Fischer による，「アーバニズムの下位文化理論」である (Fischer 1975=1983, 1984=1996, 1982=2002)。ここでいう下位文化とは，外社会から相対的に区別された，ライフスタイルとそれを共有するネットワークのことである (松本 1992)。Fischer によれば，都市の成長は人口の規模，密度，異質性を高めることを意味するので，それだけ多種多様な同類結合が促される。それだけ多種多様な下位文化が醸成されるというテーゼを生み出した (Fischer 1975=1983)。Fischer は，このアーバニズムの下位文化理論を計量的に検証する研究を，著書『友人のあいだで暮らす』で行っている (Fischer 1982=2002)。Fischer は，人びとが都市圏に拡散したネットワークを基盤とした友人下位文化を形成し，都市的生活を営んでいるという，実態に沿ったテーゼを生み出したのである (Fischer 1982=2002)。

日本の都市社会学では，Fischer の議論に依拠しながら，都市住民のパーソナル・ネットワークと，人びとの意識の間の関連について，計量的手法を用いた研究がなされてきた。たとえば，政治への参加意識，平等公平意識，性別役割意識や，外国人への寛容度などの意識項目と，パーソナル・ネットワークの関連を調査分析したものが挙げられる (森岡編 2000, 2002; 松本編 2004)。

ただこれまでの日本の都市社会学においては，消費社会に特有の，趣味や嗜好，外見を媒介として形成される友人ネットワークについて，積極的に研究されていないということができる。アメリカの社会学者 B. D. Zablocki と R. M. Kanter や，松本康は，ヒッピー文化に代表される若者文化を取りあげながら，

消費をつうじて成立するライフスタイルが，人びとの同類結合を促すことを示唆している（Zablocki and Kanter 1976; 松本 1985, 1986）。実際 Fischer も，消費をつうじて成立する趣味，嗜好が，友人関係の形成に大きく作用することに言及している（Fischer 1975＝1983）。このように考えてゆくと，現代大都市における友人関係形成と，諸個人が保有する消費の志向が，大きく関連しているのである。

2.3 本研究の位置づけ

以上の先行研究の整理から，これまで焦点のあてられてこなかった，現代大都市住民の友人関係形成を，消費の観点から見定めることは，消費文化研究に都市社会学の観点をとりこんだ，都市消費文化研究としての独自性が見出され，その学術的意義が認められる。

とりわけ現代大都市の住民は，時間をかけ空間移動を日常的に行っている。それゆえ大都市住民の友人数が，消費の志向におよぼす効果を実証的に見出すことは，本研究の問いを，実態に沿って明らかにできることを意味しているのだ。そこで本研究は，東京圏に住まう住民がもつ居住地からの距離別友人数が，彼／彼女らの外見を規定する消費の志向にどのような効果をもたらすのか？この問いを明らかにすることを目的とした調査分析を行った。

3 分析手法——使用する変数

本節では，本研究の問いを明らかにするための分析手法を概要的に説明する。分析にあたって使用する変数は以下のとおりである。

3.1 独立変数——回答者の友人総数・距離別に聞いた友人数

独立変数として，距離別友人数を聞く質問項目（問 44）を用いた。距離別友人数を回答者に問う際，「30 分未満で気軽に会える友人の数」「30 分以上 1 時間未満で気軽に会える友人の数」「1 時間以上 2 時間未満で気軽に会える友人の数」「2 時間以上かけて気軽に会える友人の数」をそれぞれ，数字で記入してもらった。なお，本研究では「30 分未満で気軽に会える友人の数」を近距

離友人数として扱う。「30分以上1時間未満で気軽に会える友人の数」を準近距離友人数として扱う。「1時間以上2時間未満で気軽に会える友人の数」を中距離友人数として扱う。最後に「2時間以上かけて気軽に会える友人の数」を遠距離友人数として扱う。

3.2　従属変数──消費志向

次に従属変数として,「問33 次に示された買い物についての考え方や行動が,あなたにどのくらいあてはまりますか」における,4つの質問項目を用いた。1つめは,「E 流行や話題になっている商品を選ぶ（流行志向）」である。2つめは,「F 周囲の人が持っている商品を持っていないと気になる（同調志向）」である。3つめは,「G おしゃれにお金をかけるようにしている（おしゃれ志向）」である。最後に4つめは,「I 少し値段が高くても,有名なブランドやメーカーの商品を選ぶ（ブランド・メーカー志向）」である。上記の質問項目を4段階に得点化し使用した。これらの変数と属性項目を用いた重回帰分析を行った。[1]

3.3　属性項目──女性ダミー変数・年齢・学歴(教育年数)・収入・郊外ダミー変数

使用した属性項目は,性別（女性ダミー変数）,年齢,学歴（教育年数）,本人の収入,世帯の収入と,郊外ダミー変数をも独立変数として投入した。[2] 郊外ダミー変数は,2005年国勢調査（2005年）のデータをもとに作成した。東京23区を「都心」,東京23区への通勤率が,夜間人口の10％以上をしめる市区町村を「郊外」として捉えた変数である。

4　友人数

本節ではまず,友人の総数および距離別友人数について説明する。性別および回答者すべての友人数平均値は,表6-1のとおりである。

回答者全体の平均値をみると,「2時間以上かけて気軽に会える友人数」（遠距離友人数）がいちばん多い。次いで「1時間以上2時間未満で気軽に会える友人数」（中距離友人数）,「30分未満で気軽に会える友人数」（近距離友人数）の順で多い。「30分以上1時間未満で気軽に会える友人数」（準近距離友人数）の

表 6-1 性別の友人数の総数と平均値

		友人総数	近距離友人数	準近距離友人数	中距離友人数	遠距離友人数
男 性	平均値	12.23	2.62	2.81	3.58	3.66
	標準偏差	17.34	5.493	4.493	5.521	6.635
女 性	平均値	11.87	3.51	2.71	2.9	2.89
	標準偏差	13.45	4.442	3.618	3.81	5.24
合 計	平均値	12.04	3.11	2.76	3.21	3.24
	標準偏差	15.36	4.961	4.039	4.68	5.928
F 値	性別×友人総数	.199				
	性別×近距離	67.399***				
	性別×準近距離	3.14				
	性別×中距離	.360				
	性別×遠距離	.761				

注) 友人総数＝調査対象者が距離別に回答した友人数の総数
近距離友人数＝「30分未満で気軽に会える友人数」
準近距離友人数＝「30分以上1時間未満で気軽に会える友人数」
中距離友人数＝「1時間以上2時間未満で気軽に会える友人数」
遠距離友人数＝「2時間以上かけて気軽に会える友人数」

平均値がいちばん少なかった。

　これは人びとが，近所づきあいに特化した友人（近距離の友人）と，通勤通学先などの友人（中距離・遠距離の友人）をそれぞれ保有しているという，東京圏住民の特性を示しているものであると思われる。なお性別と距離別友人数の間のなかで有意な関連がみられたのは，性別と近距離友人数だけであった。

5　従属変数——消費志向

　つぎに従属変数として扱う消費の志向項目について説明する。平均値を示したのが，図6-1である。

　おおむねどの質問項目においても「あまりあてはまらない」「あてはまらない」という回答が，「あてはまる」「ややあてはまる」という回答よりも多い。とりわけこの傾向は，同調志向の「あてはまらない」において顕著に現れている。またこれらの分析結果は，回答者に高齢者が多いことが背景に挙げられる。つまり高齢者の回答が「あまりあてはまらない」「あてはまらない」に集中し

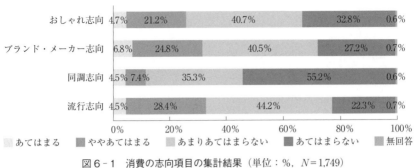

図6-1 消費の志向項目の集計結果(単位:%, $N=1,749$)

たため,このような分析結果が導かれたといえる。

6 分析結果

6.1 回答者の属性が友人の総数にもたらす効果

ここまでの諸変数の説明をもとに,まず,属性項目(性別ダミー変数,年齢,教育年数,本人の収入,世帯の収入,そして郊外ダミー変数)を独立変数とし,友人数を従属変数とした単回帰分析を行った。分析結果は以下のとおりである。表6-2が,属性・郊外ダミー変数それぞれが独自に,友人数にもたらす効果を示した単回帰分析の結果である。表6-3が,属性・郊外ダミー変数を独立変数としてすべて投入することにより導出された,重回帰分析の結果である。

表6-2の分析結果を簡潔にまとめると,以下のようになる。単回帰分析の結果,年齢が,友人総数,近距離友人数,そして準近距離友人数に有意な負の効果をもたらしている。次に教育年数が,遠距離友人数に有意な正の効果をもたらしている。そして,回答者本人の収入が,年齢に有意な負の効果をもたらしている。

さらに表6-3のとおり,本研究では,属性項目および郊外ダミー変数を独立変数として同時に投入し,友人数を従属変数とした重回帰分析を行った。表6-3のとおり,以下のような分析結果がもたらされた。

表6-3の分析結果からまず,回答者の年齢が,友人の総数に負の効果をもたらしていることがわかる。これは,表6-2の分析結果と同じ傾向を示すも

第6章 大都市における社会関係と消費志向

表6-2 属性・郊外ダミー変数が独自に友人数にもたらす効果（単回帰分析）

従属変数	友人総数	近距離友人数	準近距離友人数	中距離友人数	遠距離友人数
	β	β	β	β	β
女性ダミー変数	.072	−.015	.044	−.015	−.022
年齢	*−.080**	*−.059**	*−.091****	*−.059*	*−.047*
教育年数	.021	.027	−.021	.027	.083***
本人収入	*−.056**	−.010	*−.055**	−.010	.069
世帯収入	.044	.033	.044	.033	.071
郊外ダミー変数	.006	−.018	.017	−.018	.008

***: $p<.001$, **: $p<.01$, *: $p<.05$
注) 斜体の数字は負の効果を示した分析結果。

表6-3 属性・郊外ダミー変数が友人数にもたらす効果（強制投入法）

従属変数	友人総数	近距離友人数	準近距離友人数	中距離友人数	遠距離友人数
	β	β	β	β	β
女性ダミー変数	−.006	.176***	.038	−.042	.003
年齢	*−.098****	.016	*−.084***	*−.224**	*−.061**
教育年数	.032	−.038	−.035	.164	.072**
本人収入	−.011	*−.090**	−.048	−.094	.057
世帯収入	.035	.029	.059*	.014	.048
郊外ダミー変数	.014	.025	.015	−.075	.015
F値	2.964	13.917	4.185	1.901	4.378
AdjR^2	.014	.047	.013	.004	.013
N	1,402	1,555	1,492	1,514	1,488

***: $p<.001$, **: $p<.01$, *: $p<.05$
注) 斜体の数字は負の効果を示した分析結果。

のである。年齢が友人の総数に負の効果をもたらした理由は，高齢回答者にとって移動にかかる負担が大きいからであるといえる。

次に表6-3では，女性ダミー変数が近距離友人数に正の効果が見出された。これは表6-2では見出されなかった分析結果である。本人の収入が女性ダミー変数に負の効果を与えているから，この分析結果が導出されたものと解釈できる。つまり回答者の女性には，専業主婦がおり，専業主婦の時間的制約の少なさが，近距離友人数に効果を与えているのだ。

そして表6-3の分析結果から，年齢が準近距離友人数に負の効果をもたら

していることがわかる．また世帯の収入が，準近距離友人数に正の効果をもたらしている．これも表6-2と同様である．前者の分析結果は，加齢による移動的制約の増加によるものだと考えられる．後者の分析結果は，世帯収入の増加による移動的制約の縮減が背景にあるものと考えることができる．

さらに，表6-3の中距離友人数にもたらす独立変数の効果をみると，有意な効果が見出されたのが，年齢がもたらす負の効果のみであった．これは表6-2では見出されなかった分析結果である．

最後に遠距離友人数にもたらす効果をみると，弱いものの，年齢が負の効果をもたらしていることが明らかにされた．および表6-3においても表6-2と同様に，教育年数が遠距離友人数に正の効果をもたらしていた．教育年数に関しては，大卒・大学院卒（または在学中）の回答者がもつ，地方の友人数が反映されている可能性が高いといえる．

このように表6-3の重回帰分析の結果から，どの属性項目においても，友人総数にたいし有意な正の効果をもたらしていないことがわかる．ただし，距離別に友人数を分けると，近距離友人数には女性ダミー変数が有意な正の効果をもたらしている．準近距離友人数には，世帯収入にたいし有意な正の効果をもたらしている．遠距離友人数には教育年数が有意な正の効果をもたらしている．つまり，属性項目が有意な正の効果をもたらしていない距離別友人数は，中距離友人数だけであることが，表6-3の分析結果から確認されたのである．

6.2 回答者の属性・友人の総数が消費の志向にもたらす効果

以上の分析を前提として，属性項目に加えて距離別の友人数をも独立変数に加え，消費志向を従属変数とした単回帰分析を行った．分析結果は表6-4と表6-5のとおりである．表6-4の従属変数は，流行志向と同調志向である．表6-5の従属変数はおしゃれ志向とブランド・メーカー志向である．

まず表6-4の分析結果をみると，まず流行志向に有意に正の効果をもたらしているのが，友人総数，近距離友人数，準近距離友人数と，女性ダミー変数である．近距離・準近距離の友人数が多いほど，流行を重視した消費を行う傾向にあるいう解釈を，ここでは行うことが可能である．

つづいて表6-5のおしゃれ志向には，いずれの友人数項目と，女性ダミー

表6-4 友人数・属性項目が，消費志向に与える効果（単回帰分析）

	従属変数	流行志向			同調志向		
		β	F 値	AdjR^2	β	F 値	AdjR^2
友人数	友人総数	.068*	6.973	.010	.062	5.707	.003
	近距離友人数	.098***	16.24	.010	.080**	10.758	.010
	準近距離友人数	.091***	13.20	.010	.089***	12.683	.010
	中距離友人数	.073**	8.728	.010	.068*	7.556	.000
	遠距離友人数	.017	.459	.000	.025	.995	.000
属性項目	女性ダミー変数	.114***	23.05	.016	.001	.001	.000
	年齢	−.214***	83.32	.050	−.221***	89.153	.050
	教育年数	−.007	.095	.000	−.033	1.932	.000
	本人収入	−.018	.539	.000	.009	.138	.000
	世帯収入	.008	.112	.000	.026	1.077	.000
	郊外ダミー変数	−.004	.029	.000	−.004	2.827	.000

***: $p<.001$, **: $p<.01$, *: $p<.05$

注) 斜体の数字は負の効果を示した分析結果。

表6-5 友人数・属性項目が，消費志向に与える効果（単回帰分析，続き）

	従属変数	おしゃれ志向			ブランド・メーカー志向		
		β	F 値	AdjR^2	β	F 値	AdjR^2
友人数	友人総数	.129***	25.125	.016	.066	6.531	.004
	近距離友人数	.139***	32.621	.020	.020	.684	.000
	準近距離友人数	.182***	54.67	.030	.076**	9.141	.010
	中距離友人数	.178***	52.557	.030	.081**	10.286	.010
	遠距離友人数	.087***	12.216	.010	.022	.802	.000
属性項目	女性ダミー変数	.222***	90.028	.050	−.015	.389	.000
	年齢	−.190***	65.066	.040	−.136***	32.904	.020
	教育年数	−.037	2.375	.000	.026	1.151	.000
	本人収入	−.035	2.111	.000	.115***	22.766	.010
	世帯収入	.040	2.628	.000	.063*	5.737	.000
	郊外ダミー変数	−.035	1.556	.000	−.023	.938	.000

***: $p<.001$, **: $p<.01$, *: $p<.05$

注) 斜体の数字は負の効果を示した分析結果。

変数が正の効果をもたらしている。最後にブランド・メーカー志向に正の効果もたらしているのが，準近距離友人数と中距離友人数，本人の収入と世帯収入である。しかし表6-3から明らかになっているとおり，女性ダミー変数が近

表6-6 属性・回答者の属性・距離別友人数が消費の志向にもたらす効果（強制投入法）

独立変数	従属変数	流行志向 β	同調志向 β	おしゃれ志向 β	ブランド・メーカー志向 β
友人数	近距離友人数	.086*	.062	−.029	.041
	準近距離友人数	.033	−.007	.070	.001
	中距離友人数	.013	.053	.136***	.100**
	遠距離友人数	−.053	−.058	−.043	−.085**
属性項目	女性ダミー変数	.114***	.011	.245***	.014
	年齢	−.192***	−.223***	−.180***	−.138***
	教育年数	−.012	−.031	−.057*	.015
	本人収入	.047	.030	.053	.145***
	世帯収入	−.013	.001	.019	.006
	郊外ダミー変数	−.012	−.043	−.012	−.006
	F値	9.224	8.814	18.06	6.408
	AdjR^2	.056	.053	.109	.037
	N	1,394	1,396	1,395	1,394

***: $p<.001$, **: $p<.01$, *: $p<.05$
注）斜体の数字は負の効果を示した分析結果。

距離友人数に有意な正の効果を与えている。世帯収入が準近距離友人数に有意な正の効果をもたらしている。また，教育年数が遠距離友人数に正の効果を与えている。

6.3 回答者の属性・距離別友人数が消費の志向にもたらす効果

それでは，回答者の属性と，距離別の友人数を独立変数とし，消費の志向項目を従属変数とした重回帰分析を行ったばあい，回答者の属性と友人の総数を独立変数としたばあいと比べて，どのような異なる傾向が見出されるのだろうか。重回帰分析を行った結果が，表6-6である。

網かけの「中距離友人数」と「おしゃれ志向」「ブランド・メーカー志向」は，他属性項目が中距離友人数に正の効果を与えていない。よって，独自の効果を表す数値として考えることができる。以下では各属性項目が消費志向にもたらす効果について検討してゆく。

6.3.1 友人数が消費の志向にもたらす効果

まず，友人数を独立変数とした分析結果のなかで，有意な正の効果が見出さ

れた箇所について記述する。はじめに有意な関連が見出されたのが,「30分未満で気軽に会える友人の数」(近距離友人数)と,「流行志向」である。しかし表6-3のとおり,近距離友人数に女性ダミー変数が有意な正の効果をもたらしているため,独立した効果をもたらしているとは解釈できない。

つぎに有意な関連が見出されたのが,「1時間以上2時間未満で気軽に会える友人数」(中距離友人数)と「おしゃれ志向」である。中距離友人数が多い回答者ほど,おしゃれにお金をかけるようにしている傾向であることが,分析結果から見出すことができる。

また中距離友人数と「ブランド・メーカー志向」との間でも,有意な関連が見出された。このばあい,女性ダミー変数が,比較的強い正の効果をもたらしているものの,表6-3で確認したとおり,女性ダミー変数は,中距離友人数に有意な効果をもたらしていない。このことと,年齢が有意な負の効果を示していることを考えれば,中距離友人数がおしゃれ志向に有意な正の効果をもたらしていると解釈することができる。

そして遠距離友人数と「ブランド・メーカー志向」との間で,有意な負の効果が見出された。しかし表6-5で示したとおり,教育年数が遠距離友人数に有意な正の効果をもたらしている。そのため「ブランド・メーカー志向」に独立した効果を与えている距離別友人数も,中距離友人数であるということができる。

6.3.2 性別ダミー変数が消費の志向にもたらす効果

次に,属性項目が,消費の志向にもたらした効果について確認する。まず性別ダミー変数(男性=0・女性=1のダミー変数)と消費の志向の間で有意な関連が見出されたのが,流行志向と,おしゃれ志向であった。女性のほうが,流行や話題になっている商品を選ぶ傾向にある。また女性のほうが,おしゃれにお金をかけるようにしている傾向にあることがわかる。

6.3.3 回答者の年齢が消費の志向にもたらす効果

また,年齢が,いずれの消費志向にも,有意な負の効果をもたらしている。これは回答者の年齢が上昇するほど,流行やおしゃれにお金をかけない傾向にあることを意味する。また他の人との同調を意識した消費を行わないことを表している。回答者の年齢が上昇するほど,お金をかけて4つの消費を行ってい

6.3.4 回答者本人の収入・世帯の収入・学歴（教育年数）が消費の志向にもたらす効果

さらに，回答者自身の収入が高いほど，ブランドやメーカーを重視する消費を行う傾向にあるという，一般的な傾向を見出すことができた。しかし，学歴（教育年数）が高いほど，おしゃれ志向にたいしマイナスに作用するという分析結果については，今後慎重な解釈を行う必要がある。

6.3.5 郊外ダミー変数が消費の志向にもたらす効果

それだけでなく郊外ダミー変数と，4つの消費の志向との分析結果から，有意な関連を見出すことはできなかった。これは調査対象者の居住地が都心であるか郊外であるかということが，消費の志向に効果をもたらしていないということを意味している。ただ都心・郊外の基準以外で，居住地が消費志向に効果をもたらしている可能性がある。この点に関しては，今後改めて調査してゆくこととする。

6.4 分析結果が示していること——まとめ

本研究の分析をつうじて，東京圏の住民がもつ，距離別の友人数が，消費の志向に効果をもたらしているかという問いに対し，中距離友人数のみが，おしゃれ志向，およびブランド・メーカー志向に正の効果を与えているという答えが見出された。

本研究の分析結果は，以下のことを示しているものと思われる。それは，1時間以上2時間未満で気軽に会うことのできる友人数が多いということは，勤務先や通学先の学校で知り合った友人が多いことを意味する。勤務先や学校（とりわけ大学）での友人関係は，まず当該人物の外見を第一印象として形成されることが多いといえる。これは共通する消費財のテイストをもとに同類結合が行われることを意味している。またこのことは，おしゃれへの意識の高さや，ブランド・メーカーへのテイストをもとに，友人関係が形成されていることをも意味している。だから，中距離友人数が，おしゃれ志向やブランド・メーカー志向にたいして，有意な正の効果を見出すことができたものと考察できる。

さらにこの分析結果は，次のことをも示唆している。先述のとおり，東京圏

の住民は，通勤・通学に1時間から2時間近く時間をかけるケースが多い。とりわけ東京圏の住民は通勤・通学の際，鉄道やバスなどの公共交通機関を利用するのが一般的である。つまり彼／彼女らは通勤・通学の際，自らの外見を不特定多数の人びとに見られる時間が長い。だから，外見に気を使う意識が働く。このことも，本研究の分析結果の背景に内在する要素であるものと考えることができる。

7 結論——本研究の意義と限界

　大都市には多種多様なタイプの人びとがたくさん存在する。当該人物が，あたらしい友人関係を結ぶか，結ばないかを判断する際，第一印象が判断の材料となることが多い。つまり，都市住民の友人関係形成には，外見と，それを規定する消費の志向が重要な要素となる。

　本研究は，これまで焦点のあてられてこなかった，現代大都市住民の友人関係形成を，消費の観点から見定めた。とりわけ現代大都市の住民は，時間をかけた空間移動を日常的に行っている。このことを明らかにしたところに，本研究の都市消費研究としての独自性を見出すことができる。とくに，通勤・通学を行っている人びとが，中距離友人数を保有している。この中距離友人数が，おしゃれ志向の消費にもたらす有意な正の効果を見出すことができた。彼／彼女らは，職場や学校の友人関係形成・維持のために外見を調整している。だからこのような分析結果が導出されたのである。

　本章の冒頭で述べたとおり，1960年代の高度経済成長期以降，東京圏には地方から多くの人びとが流入してきた。東京圏では都心と郊外の機能分化が図られてきた。郊外の拡大に伴い，首都圏では通勤・通学に2時間近くの時間を費やす人びとも増加した。

　本研究の分析から明らかにされたことから，これまでの消費研究や都市社会学が明らかにしてきた，大都市における人びとの外見を規定する消費志向は，とりわけ日常生活圏を居住地近隣だけでなく，勤務地や学校での友人関係を形成している人びとが保有していることがわかる。

　とくに東京圏の住民の特性として，1時間以上2時間未満の中距離友人数が

多いほど，おしゃれやブランド・メーカーを重視した消費を志向する人が多い。これは，勤務地や学校で，外見を規定する消費の嗜好を媒介とした友人関係を形成していることを意味している。とくに居住地以外における友人下位文化を形成し，その特殊性を維持するために，消費をつうじた個性化を試み続ける。だから外見を規定する，おしゃれやブランド・メーカーを重視する消費志向に，中距離友人数が大きく作用しているものと結論づけられる。

ただ本研究には，大きな課題が残されている。まず，本研究の知見が一般化できる範囲についてである。本研究が用いたデータは，新宿駅を起点とした40 km の自治体に住まう住民を標本としている。本研究から得られた知見は，おそらく東京圏特有の傾向を示しているものである。今後，ほかの都市地域のデータを扱った分析をつうじて，一般化できる範囲とそれぞれの都市圏が示す友人数と消費の志向の間の関連についての実証的な調査分析が求められている。また先述のとおり，都心・郊外以外の基準で居住地をとらえておらず，居住地そのものの特性と消費志向の関連を見出すことができなかったという限界がある。今後，都市住民の友人関係を消費の観点から本格的な研究を行う際，居住地そのものの特性にも言及しながら，調査分析を行うこととする。

注

1) この 4 つの質問項目の集計結果および志向の名称に関しては，寺島 (2013) を参照。
2) 2005 年国勢調査 (2005 年) のデータをもとに，作成した。東京 23 区を「都心」，東京 23 区への通勤率が，夜間人口の 10% 以上をしめる市区町村を「郊外」とした，ダミー変数である。本研究の調査対象地は表 6-7 のとおりである。

表6-7 本研究の調査対象地（自治体）
（23区を都心，それ以外を郊外として扱った）

埼玉県		東京都	神奈川県		千葉県
川越市	さいたま市西区	23区	藤沢市	川崎市多摩区	市川市
所沢市	さいたま市北区	八王子市	横浜市鶴見区	川崎市宮前区	船橋市
狭山市	さいたま市大宮区	立川市	横浜市神奈川区	川崎市麻生区	松戸市
草加市	さいたま市見沼区	武蔵野市	横浜市中区	相模原市中央区	野田市
入間市	さいたま市桜区	府中市	横浜市南区	相模原市緑区	柏市
朝霞市	さいたま市浦和区	昭島市	横浜市保土ヶ谷区	相模原市南区	我孫子市
和光市	さいたま市南区	調布市	横浜市磯子区	鎌倉市	浦安市
新座市	さいたま市緑区	町田市	横浜市金沢区	大和市	印西市
富士見市	久喜市	小金井市	横浜市港北区	海老名市	千葉市中央区
三郷市	北本市	小平市	横浜市戸塚区	座間市	千葉市花見川区
坂戸市	宮代町	日野市	横浜市港南区		千葉市美浜区
鶴ヶ島市		東村山市	横浜市旭区		千葉市稲毛区
ふじみ野市		国分寺市	横浜市緑区		千葉市若葉区
三芳町		福生市	横浜市瀬谷区		佐倉市
川口市		東大和市	横浜市栄区		習志野市
春日部市		東久留米市	横浜市泉区		八千代市
上尾市		清瀬市	横浜市青葉区		四街道市
桶川市		稲城市	横浜市都筑区		
越谷市		西東京市	川崎市川崎区		茨城県
蓮田市			川崎市幸区		取手市
戸田市			川崎市中原区		

出典）2005年国勢調査（総務省統計局）。

○ 本柳 亨

第7章 「抗リスク消費」と自己充足的消費
——リスク社会における「健康リスク」の分析を通じて——

1 はじめに

1.1 問題の所在

われわれの生活は,「未来における損害」を意味する「リスク」と何らかのかたちで常に関わっている。食品中の放射性物質をめぐる騒動に代表される「食」にまつわるリスク,不審者の侵入に代表される「住」にまつわるリスク,福島第一原子力発電所事故に代表される「科学技術」にまつわるリスクなど,われわれの衣食住は大小さまざまなリスクで溢れている。こうした日常生活に潜むリスクの高まりとともに,リスク回避に関連した消費行為,すなわち「抗リスク消費」が活発になっている。

携帯型防犯ブザーの購入やホームセキュリティの導入は,「犯罪リスク」を対象とした「抗リスク消費」である。また,無公害型のエコ洗剤や LED 照明の購入は,「環境リスク」を対象とした「抗リスク消費」である。このように,広範囲の領域にまたがる「抗リスク消費」であるが,最も人びとの関心を集めているのは,「健康リスク」を対象とした「抗リスク消費」である。無農薬野菜や無添加食品の購入,健康器具や痩身器具の購入,スポーツウェアの購入など,多様な消費行為が「健康リスク」を対象とした「抗リスク消費」として挙げられよう。

このような「抗リスク消費」は，消費社会論の文脈を参照するならば，リスク回避を目的とする「機能的消費」として位置づけることができる。消費者は，「犯罪リスク」を回避するために防犯カメラを購入するのであり，「健康リスク」を回避するためにサプリメントを購入するのである。ところが，消費者の欲望が成熟飽和した高度消費社会において，「抗リスク消費」の目的は「機能」に限定できない。

　たとえば，レジ袋の削減を目的として使用するエコバッグは，CHANEL や HERMÈS などの高級ブランドからも発売されている。高級エコバッグは，エコバッグとしての「機能」が消費されると同時に，バッグに付随する「記号」——ブランドイメージ，「エコ」という言葉に込められたイメージ，他のバッグとの差異など——が消費されている。高級エコバッグの事例が象徴するように，「抗リスク消費」は「記号的消費」として位置づけることもできよう。「健康のため」「安全のため」「環境のため」と喧伝されることで強調されるリスクは，「他のモノとの違い（差異）を生み出す重要かつ説得力ある装置」（柄本 2010：63）であり，新しい需要を喚起している。

　このように，「抗リスク消費」には，リスク回避を目的とした「機能的消費」の側面に加えて，他者との差異を示す「記号的消費」の側面がある。本章では，「抗リスク消費」が内包するもう1つの側面に焦点を当てる。もう1つの側面とは，「抗リスク消費」が消費行為それ自体を目的とする「自己充足的消費」の側面である。

　1970年代以降の消費を語るうえで，「自己充足」は重要な概念の1つとなっている。アメリカの社会学者 D. Yankelovich は，1970年代におけるアメリカ人の価値観が，「自己充足の追求」に傾いていることを指摘している（Yankelovich 1981＝1982）。経済学者の村上康亮は，先進社会の価値観が「手段的価値（instrumental value）」から「即自的価値（consummatory value）」へ移行し，「コンサマトリー化」していることを論じている（村上 1975）。近年では，消費社会研究家の三浦展が，2005年以降に台頭した「人とつながること」に価値を置く「第四の消費」の特徴の1つとして，「コンサマトリー」を挙げている（三浦 2012）。

　しかし，これまでの研究では，リスク回避の手段と位置づけられてきた「抗

リスク消費」が,「自己充足的消費」と関連づけて論じられることはなかった。「抗リスク消費」が日常生活に浸透した今日,「抗リスク消費」の新たな側面,すなわち「自己充足的消費」の側面について考察することは,消費社会論を研究するうえで有意義であろう。

　本章では,「抗リスク消費」のなかでも最も身近で,多くの人間が日常的に関与する,「健康リスク」を対象とした「抗リスク消費」を取り上げる。

　こうした「健康リスク」を対象とした「抗リスク消費」を考察する前に,確認しておかなければならないのが,健康不安が高まる現象である。健康の追求が「ブームといったような特別な現象」ではなく「日常の営為」(柄本 2002：36-37) となってしまった日本において,健康不安は高い状況にある。

　内閣府による 1972 年の「国民生活に関する世論調査」では,39% の人が日頃の生活のなかで不安を感じており,そのなかで「健康に関する不安」と答えた人はわずか 9% であった (上杉 2008：131)。ところが,2014 年の同調査では,66.7% の人が日頃の生活のなかで不安を感じており,そのなかで「自分の健康について」と答えた人が 49.7%,「家族の健康について」と答えた人が 41.9% であった (内閣府 2014)。また,10 代後半から 30 代までの若年層を対象とする「健康意識と生活意識に関する調査」によれば,自らを健康だと思っている人のなかで健康不安を感じている人の割合は約 5 割にも達している (藤岡 2007)。健康不安が高い状況と「抗リスク消費」における自己充足の側面はいかなる関係にあるのか。

1.2　目的と方法

　本章の目的は,健康リスクを対象とした「抗リスク消費」の自己充足の側面が活発になる要因を理論的に明らかにすることである。

　本章では,「抗リスク消費」の自己充足の側面が活発になる要因を 2 つの段階に分けて考察する。

　第 1 の段階では,「抗リスク消費」の背景にある健康管理の 2 つの動きからリスク概念をそれぞれ導出し,2 つのリスク概念が健康不安を刺激していることを指摘する。健康管理の第 1 の動きは,計算可能性を前提としてリスク要因を排除しようとする「合理化」であり,健康管理の第 2 の動きは,個人がリス

ク管理の主体となる「個人化」である。「合理化」の動きから導出するのが，ドイツの社会学者 U. Beck の展開した「予測不可能なリスク」であり，「個人化」の動きから導出するのが，ドイツの社会学者 N. Luhmann の展開した「自己の責任に帰せられるリスク」である。ここでは，「健康リスクを排除することができない」という問題が，健康不安を発生させる条件となっていることを明らかにする。[2)]

第2の段階では，「健康リスクを排除することができない」という問題を背景としながら，「抗リスク消費」と「自己充足的消費」の接点を指摘する。「抗リスク消費」と「自己充足的消費」の橋渡しをするのが，「ナルシシズム」と呼ばれる概念である。もともとナルシシズムは，「自己愛」を意味する心理学の用語であるが，本研究が着目するのは，ナルシシズムと世俗的な禁欲主義の類似性を見出した，アメリカの社会学者 R. Sennett の議論である。ここでは，「抗リスク消費」が一時的な安心を求めて，自己充足化していることを明らかにする。

2 リスクの排除不可能性

2.1 予測不可能なリスク

まずは，「合理化」と呼ばれる健康管理の動きに着目しながら，「抗リスク消費」が対象とする第1のリスク，すなわち「予測不可能なリスク」を導出する。

イギリスの社会学者 J. Young によれば，確率論的なリスク計算を重視する考えは，おもに防犯活動の領域で浸透している。合理性を追求する防犯活動は，犯罪者の収監や更生を問題とせずに，犯罪の抑止だけを問題とする。「犯罪それ自体」よりも「犯罪の可能性」に関心を寄せるため，合理性を追求する防犯活動は，あらゆる「反社会的行為」を排除の対象とする（Young 1999＝2007: 118-119）。

同じように，合理性を追求する健康管理も，リスク要因を徹底的に排除するために「不潔な環境」や「不健康といわれるモノ」を排除の対象とする。今日は「健康リスク」と設定される領域が拡大しており，頭髪が少ないなどの「身体的特徴」，口臭や足のにおいなどの「不可視的な特徴」も排除の対象となっ

ている(上杉 2008：168, 177-178)。

　こうした合理性を追求する健康管理を背景に,「抗リスク消費」においても合理化が進んでいる。消費者であるわれわれは,「カロリーオフ」や「減塩」と表示された商品を手に取り,体脂肪が計算できるヘルスメーターを購入し,外出の際は口臭防止のタブレットをポケットに忍ばせている。これらの行為は,「健康リスク」の排除という目的に対して合理的な手段を選択する消費といえよう。

　それでは,合理性を追求する健康管理は,いかなる健康リスクを対象としているのか。その対象となるのは,リスク社会における「新しいリスク」である。ここからは,Beck の議論を参照しながら,リスク社会における「新しいリスク」について考察する。

　リスク社会を提唱した Beck は,近代化を「単純な近代化」と「再帰的近代化」の2段階に区分しており,リスク社会を「再帰的近代化」に対応した社会として位置づけている (Beck et al. 1994＝1997: 16)。

　近代化の第1段階は,自然の利用や伝統的な束縛から人間を解放する「単純な近代化」であり,この「単純な近代化」に対応した社会が「工業社会」である。工業社会において,富の生産に伴う損害は,公的な議論の対象とならなかった。ところが,近代化の第2段階である「再帰的近代化」へ突入すると,経済やテクノロジーの発展が生み出す損害をいかに管理するかが大きな問題となる。再帰的近代化において,富の生産に伴う損害は,「人間の行動や不作為を反映したもの」(Beck 1986＝1998: 376) へと変容した。かくして,富の生産や再分配に優先順位を置く「工業社会」に代わって,リスクの生産や再分配に優先順位を置く「リスク社会」が誕生する。

　こうして誕生したリスク社会の「新しいリスク」には2つの特徴がある。

　第1に,リスク社会におけるリスクは,因果関係の把握が困難である。たとえば,「遺伝子組み換え食品」が有害か否かをわれわれは視覚や味覚から判断することができない。リスクをリスクとして認識するためには,専門家の科学的な知見や技術に依存せざるをえないのである[3]。光化学スモッグや大気汚染の例のように,リスクの因果関係を明らかにすることはもはや難しく,「推定された因果関係は,多かれ少なかれ不確かであり暫定的な性格」(Beck 1986＝

1998: 37) しかもちえない。

　第2に，リスク社会におけるリスクは，リスクの分配が困難な点である。福島第一原発事故に代表されるように，リスクがグローバル化すると，その影響範囲は世代を越えて未来の生命にまで及ぶようになる。リスクの影響が空間的・時間的に限定不可能になると，リスク分配の限界が露呈し始める。こうした新しいリスクの誕生は，「リスク計算」と「リスク分配」を軸とする福祉国家の基盤を大きく揺るがしている。

　以上のことから，リスク社会における「新しいリスク」は，理性を用いても，統計学を用いても，予測不可能な損害を意味しているといえよう。リスク学では，計量可能な損害を「リスク」，計量不可能な損害を「不確実性」と呼ぶことが多いが，今日われわれが直面しているのは，「リスクの不確実性化」（美馬 2012 : 243）ともいえる現象である。

　こうしたリスク社会における「新しいリスク」は，因果関係を特定することも，標準を算出することも困難な，予測不可能性を前提としている。健康リスクの事例を参照するならば，肥満や高血圧の基準は時代とともに変化しており，健康の基準値は「数学的な処理で医学的な健常者でも異常になる場合がある」（真野 2005 : 134）。

　そのため，「新しいリスク」の対処法は，あらゆる危険性を洗い出し排除しようとする「警戒」が採用される（三上 2010 : 56-58）。人間ドック，カロリーや塩分摂取の調整，受動喫煙の排除，口臭や足のにおいの排除などは，危険性らしき要素をすべて排除しようとする「警戒」の事例として挙げられよう。

2.2　自己の責任に帰せられるリスク

　次に，「個人化」と呼ばれる健康管理の動きに着目しながら，「抗リスク消費」が対象とする第2のリスク，すなわち「自己の責任に帰せられるリスク」を導出する。

　Beck が「『個人化』は，二十世紀後半の現象でも考案品でもない」（Beck 1986 = 1998 : 253）と述べていることからもわかるように，「個人化」はこれまでの時代にも存在した現象である。社会学の祖である É. Durkheim は，『社会分業論』のなかで「個人化」という言葉こそ使用していないものの，個人化につ

いて言及している (Durkheim 1893＝1989)。しかし，Beck が考察した個人化は，福祉国家以後の個人化であるという点で，Durkheim の考察した 19 世紀の個人化とは決定的に異なる（武川 2007：96-97）。

　第 1 に，福祉国家以後の個人化の特徴は，自己決定の主体が個人にまで解体された点である。家族の個人化や職域の個人化により，自己決定の主体は「個人」になった。単身世帯で生活する個人，「結婚する自由」を選択できない個人，非正規雇用者として働く個人は，「家族」や「企業」のような中間集団の保護を失った個人である。

　同じように，健康管理の主体も，個人の担う役割が大きくなっている。たとえば，個人の生活習慣改善を自覚させるために，1996 年には「成人病」という名称が「生活習慣病」に変更されている。2000 年からは，「第三次国民健康づくり対策」として「21 世紀における国民健康づくり運動」（以下「健康日本 21」）が実施されている。「健康日本 21」では，生活習慣の改善と危険因子の予防が前面に押し出されており，ふくれ上がった医療コストの削減が目的とされている。そして，2003 年の「健康増進法」の施行により，憲法第 25 条で「権利」であったはずの健康は，いまや国民 1 人ひとりの「責務」となったのである（柄本 2010：68-69）。このような一連のヘルスプロモーション活動は，ライフスタイル全般を医療の対象とすることで，個人の管理による生活習慣の変容を求めるものである。

　第 2 に，福祉国家以後の個人化の特徴は，個人の解放が新たな束縛を生み出している点である。ここでの束縛とは，個人が市場原理を前提とした「自由な自己決定」と「自己責任」を強制されることである。個人化はわれわれに多くの自由をもたらすが，その一方で個人化から逃れる自由はわれわれに残されてはいない。

　同じように，健康管理の領域でも解放に伴う呪縛が発生している。呪縛の 1 つが「市場化」である。健康管理の個人化が進むことで，健康は，公的サービスによって保護されるものではなく，市場原理に基づいた自己決定によって獲得するものとなった。市場原理に基づいた健康の追求は，まさに「抗リスク消費」による健康の追求といえよう。

　しかし，個人化による解放は，多種多様な選択肢を個人に提示しているが，

市場原理に基づいた選択肢の拡大であるため、個人が望む選択肢にアクセスできる人間を厳しく制限している。たとえば、「民間の生命保険に加入する」という選択肢はすべての人間に可能性としては開かれているが、経済的な理由ですべての人間が民間の生命保険に加入できるわけではない。

それにもかかわらず、「アクセス不可能な選択肢」が存在するという問題は絶えず先送りされ、その選択肢にアクセスできなかったことで被る損害の責任が個人に転嫁される。すなわち、個人化の前提は、自由の問題を「選択肢の量」の問題に還元することによってはじめて成立する、破綻した前提なのである。

こうした個人の「自由な自己決定」と「自己責任」に基づいた健康管理の個人化の側面から導出できるのが、責任主体の所在が焦点となる Luhmann のリスク概念である。Luhmann は、現代社会を「リスク」と「安全」の区分ではなく、「リスク」と「危険」の区分を用いて観察するべきであると主張している（Luhmann 1991＝[1993] 2002）。

それでは、「リスク」と「危険」の違いとは何か。Luhmann によれば、損害が自己の選択の結果として、自らの責任に帰せられるものが「リスク」である。それに対して、損害が自己の責任とは無関係に、自己の外部に帰せられるものが「危険」である（Luhmann 1991＝[1993] 2002）。「リスク」と「危険」を区別する際に重要なのは、損害の種類や大きさではなく、「観察者がある損害をどのように判断するのか」である。なぜなら、同一の損害も観察者が異なれば、一方では「リスク」と映り、他方では「危険」と映るからである。Luhmann のリスク論では、損害の責任を帰する過程が問題となるのである。

責任主体の所在が焦点となる Luhmann のリスクであるが、健康管理において「リスク」が帰属される主体とは誰か。こうしたリスクは、消費者である個人に帰属される。健康管理の主体として前面に押し出された「消費者」の身にふりかかる疾病は、自己の選択とは無関係な損害を意味する「危険」と断定できない。こうした疾病は、健康管理の主体の一部である「消費者」にも責任が帰せられる「リスク」として出現する。

2.3 健康不安を発生させる条件

以上のことから，リスク社会における「抗リスク消費」は，2つのリスクに突き動かされていることが明らかになった。

第1のリスクは，健康管理の合理化の側面から導出された「予測不可能なリスク」である。「予測不可能なリスク」は，その因果関係を特定することが困難であるため，合理性を追求する健康管理は，「疾病それ自体」ではなく「疾病の可能性」の排除を目的としている。第2のリスクは，健康管理の個人化の側面から導出された「自己の責任に帰せられるリスク」である。福祉国家以後の個人化により，健康管理の主体である「個人」に帰せられるリスクが増大している。

ここからは，「健康リスクを排除することができない」という問題が，健康不安を発生させる条件となっていることを明らかにする。具体的には，「予測不可能なリスク」と「自己の責任に帰せられるリスク」を排除できないという問題が，不安の構造的特徴と重なっていることを明らかにする。

はじめに，不安の構造的特徴について考察しよう。生物学の分野では K. Goldstein が，心理学の分野では S. Freud と K. Horney が，哲学の分野では S. Kierkegaard と M. Heidegger が，不安を恐怖と区別して考察している。Kierkegaard が「不安が恐怖やそれに似た諸概念とはまったく異なったものであることに注意をうながしたい」(Kierkegaard 1923＝1979: 238) と指摘しているように，健康不安をめぐる研究でも，不安と恐怖を区別し，不安の構造的特徴を踏まえた考察が必要である。

各論者の議論を要約するならば，不安の特徴は，以下の2つに整理できる。

不安の第1の特徴は，特定の対象をもたない点である。それに対して，恐怖は特定の対象をもつ。「特定の対象をもたない」という特徴は，最も共通した見解であり，イギリスの社会学者 A. Giddens も，「対象を失った恐怖」を不安と呼んでいる (Giddens 1991＝2005: 48)。

不安の第2の特徴は，自己の自己自身に対する関わりから生じる「内因的現象」という点である。不安は特定の対象をもたないため，自己の自己自身に対する関わりから発生する。それに対して，恐怖は特定の対象をもつため，自己とある特定の対象との関係から生じる「外因的現象」である。

不安の2つの特徴が明らかになったところで，健康リスクを排除できないという問題との共通点を探る。まずは，「予測不可能なリスク」を排除することができないという問題が，「特定の対象をもたない」という不安の第1の特徴と重なることを指摘する。

第1の健康リスクである「予測不可能なリスク」は，破局点から遠く離れた未来に位置づけられる「疾病の可能性」である。こうした「疾病の可能性」を排除しようとすればするほど，「疾病の可能性」は，「より小さな可能性」へと目が向けられるようになる。このように，「予測不可能なリスク」を排除することができないという問題は，「予測不可能なリスク」が「より小さな可能性」へと細分化され，その輪郭が不明瞭になること，すなわち，「予測不可能なリスク」が「特定の対象」と結びつかないことから発生している。

次に，「自己の責任に帰せられるリスク」を排除することができないという問題が，「自己自身との関わりから発生する」という不安の第2の特徴と重なることを指摘する。

第2の健康リスクである「自己の責任に帰せられるリスク」は，健康被害に遭遇することが「自由な自己決定の帰結」として出現することである。しかし，己の身に降りかかった健康被害が，「自由な自己決定の帰結」なのか否かを識別することは困難である。それゆえ，ひとたび健康被害に遭遇してしまえば，「自由な自己決定の帰結」として対応を迫られる。このように，「自己の責任に帰せられるリスク」を排除することができないという問題は，いかなる健康被害も「自由な自己決定の可能性」との関わりを断ち切れないこと，すなわち，「自己自身との関わり」から発生している。

以上のように，健康不安は，明確に対象を特定できる外因的現象をリスク認知することで発生しているわけではない。対象が不明確な内因的現象として出現する健康リスクが，健康不安という社会的気分として発生しているといえよう。

3 自己充足化する「抗リスク消費」

3.1 ナルシシストとしての内部指向

　健康不安が高い状況にある今日では，健康であることの確信を意味する「安心」を受動的に獲得することが困難になっている。「安心」を受動的に獲得することが困難な社会において，「抗リスク消費」はいかなる消費行為として機能しているのか。
　ここからは，「抗リスク消費」の主体のナルシシズム化に着目しながら，自己充足的に「能動的安心」を追求する「抗リスク消費」について考察する。
　もともと「ナルシシズム」という言葉は，水面に映った自分の姿に恋をし，溺れ死んでしまったナルキッソスを主人公としたギリシャ神話に由来する。感覚麻痺を起こしたナルキッソスは，水鏡に映った「拡張された自己自身」に恋をし，「自身の拡張したものに自身を合わせて，閉じたシステム」になっていたといえよう。「閉じたシステム」であるがゆえに，森の妖精であるエコーの声はナルキッソスに届かなかったのである。このように，ナルキッソスの神話の要点は，「人間が自分以外のものに拡張された自分自身にたちまち魅せられてしまう」という事実にある（McLuhan 1964＝1987: 43）。
　それに対して Sennett は，「内部指向」という言葉に着目してナルシシズムを考察している。Sennett は『公共性の喪失』のなかで，「ナルシシズムは現代のプロテスタンティズムの倫理である」（Sennett 1974＝1991: 461）という興味深い言葉を残しており，アメリカの社会学者 D. Riesman の考察した「内部指向」（Riesman 1961＝1964）が，ナルシシストとして復活したことを主張している。「内部指向」とは，自己の内部に確立された信念によって自らの行動を決定する標準的な自己の形である。ドイツの社会学者 M. Weber の『プロテスタンティズムの倫理と資本主義の精神』で登場した，世俗内禁欲に厳格なピューリタンは，「内部指向」の代表的な存在である。
　Weber によれば，「キリスト教的禁欲」を「世俗内的禁欲」として確立させたのは，プロテスタンティズムの世俗的な職業を神から与えられた「天職」とみなす宗教意識である。「天職」としての労働を通して神の国を求める「ひた

むきな努力」と教会の強要する「厳格な禁欲」が両輪となることで，資本主義的な意味での労働の生産性が促進されたのである（Weber ［1905］1920 = 1989: 360）。

　プロテスタントの禁欲的労働倫理を心理的に後押ししたのは，フランスの神学者 J. Calvin の予定説である。Calvin によれば，「神に選ばれし人間なのか否か」の判断は，神によってあらかじめ決められており，絶対不変の真理である。それゆえ，神の被造物である人間は，「神の決断」を変えることも知ることもできない。

　こうした「救いの確信」を獲得する手段として社会に浸透していったのが，世俗的職業労働に励むことで「救いの確信」を自分自身で創出する行為である。神の道具となり，世俗的職業労働に奉仕する「意図せざる結果」として，財の獲得は活発に行われるようになった。しかし，蓄積された財を自己の享楽のために支出することは禁止されていた。そのため，世俗内的禁欲において，財の獲得は神の国を求める行為として肯定されることになる。

　それでは，世俗的禁欲主義に基づいた「内部指向」と「ナルシシスト」の共通点とは何か。Sennett が着目したのは，内部指向の世俗的禁欲主義にみられる「自己達成」という行為である。世俗的職業労働に専念する原動力は，「神に選ばれし人間なのか否か」の「救いの確信」を獲得するために，自ら掲げた目標を禁欲的に達成していく「自己達成」の力にあった。この「救いの確信」を途切れなく実感するためには，自己達成という理想を追求し続ける必要がある。

　同じように，自己達成という理想を追求することで自己を確認するのがナルシシストである。内面に確固とした指針が存在しないナルシシストにとって，「自己は途切れない限りにおいてのみ実在」する。Sennett によれば，禁欲主義的な性格をもつナルシシストは，「ゴールに達したという感覚」を回避し続ける「終結への不安」を抱えているのである（Sennett 1974 = 1991: 464）。

　このように，Riesman と Weber が考察した「内部指向」と Sennett が考察した「ナルシシスト」の接点を指摘することで，「ナルシシストとしての内部指向」の特徴が明らかになった。「ナルシシストとしての内部指向」は，Riesman が定義した「内部指向」とは異なり，確固たる価値や指針を内面化

していない。確固たる価値や指針をもたないがゆえに,「ナルシシストとしての内部指向」は,自己達成を繰り返すことで,空洞となった内面を自己充足的に満たしていく。

こうした「ナルシシストとしての内部指向」の特徴を整理するならば,不確かさを前提としている点,達成感を重視する点,自己達成という理想を無限に追求し続ける点の3つに集約することができよう。

以上のことから,「ナルシシズムは現代のプロテスタンティズムの倫理である」(Sennett 1974＝1991: 461) という Sennett の言葉の真意を理解することができる。Sennett にとって,世俗的禁欲主義と自己陶酔は相反するものではない。内部指向のプロテスタントは,「救いの確信」を獲得するために,自ら目標を掲げ禁欲的労働倫理を実践した。現代のナルシシストも,自己の内面を実感するために自己達成という理想を追求し続ける。Sennett は,自己達成という理想を追求し続ける自己陶酔的なナルシシストの姿に,禁欲的労働倫理を実践するプロテスタントの姿を重ね合わせていたのである。

3.2 自己充足としての安心

ここからは「ナルシシストとしての内部指向」の3つの特徴を補助線としながら,「ナルシシストとしての内部指向」と「抗リスク消費の主体」の共通点を明らかにしよう。

まず,「ナルシシストとしての内部指向」の「不確かさを前提としている」という第1の特徴は,「安心」を追求する「抗リスク消費」の主体が,「健康の不在」を前提としている点で共通している。「不確実性」を根底に抱えるリスク社会では,絶対的な健康も,リスクの伴わない意思決定も存在しない。こうした「健康の不在」を象徴するのが,健康不安が増大している現象である。「抗リスク消費」の背後にある「健康不安の増大」という現象は,「抗リスク消費」の主体も,「健康の不在」という不確かさを前提としていることを示している。

次に,「達成感を重視する」という第2の特徴は,「安心」を追求する「抗リスク消費」の主体が,「健康であることの確信」,すなわち「安心」を自ら創出している点で共通している。「神に選ばれし人間なのか否か」を計り知れない

プロテスタントは，財を獲得し「神から選ばれし人間であることの確信」を自ら創出しなければならなかった。同じように，「健康であるか否か」を実感できない個人は，健康管理に励み「安心」を自己自身で生成することが求められている。それゆえ，自発的にヘルスメーターで体重を管理し，フィットネスクラブでトレーニングに励むことにより，個人は「安心」を獲得しようとするのである。「抗リスク消費」に伴う達成感や充足感で自己の内面を満たしていく行為は，「抗リスク消費」の主体も，達成感を重視していることを示している。

最後に，「自己達成という理想を無限に追求し続ける」という第3の特徴は，「安心」を追求する「抗リスク消費」の主体が，無限追求的に「安心」を追求している点で共通している。「抗リスク消費」に伴う「達成感」が途切れた時に「安心」は崩壊する。「抗リスク消費」に伴う達成感で「安心」を持続させる行為は，「抗リスク消費」の主体も，自己達成という理想を無限に追求し続けていることを示している。

以上のことから，「ナルシシストとしての内部指向」と「抗リスク消費の主体」の共通点が明らかになった。Sennettは，自己の内面の確かさを実感するために自己達成を繰り返す，自己準拠的な性格の現代人を「ナルシシスト」と呼んでいる。「健康の不在」を穴埋めするために，「抗リスク消費」に伴う達成感を追求し続ける「抗リスク消費」の主体は，「ナルシシストとしての内部指向」であるといえよう。ナルシシズム化する「抗リスク消費」の主体は，確固たる内面を所有していないため，「抗リスク消費」に伴う達成感を獲得することで，自己準拠的に自己の拠り所を創出している[4]。

3.3 リスクの矮小化

最後に，健康リスクを排除することができないという問題を踏まえながら，「安心」を追求する「抗リスク消費」が自己充足化していく要因を考察する。

前述のように，2つの健康リスクは，それぞれ「排除不可能性」を内包している。第1の「予測不可能なリスク」は，「リスク」が恣意的に設定されているという点で，排除不可能であった。第2の「自己の責任に帰せられるリスク」は，ある選択肢の扉が開かれている状態にあるだけで，その選択肢を行使しなかった「自己責任」が問われてしまうという点で，排除不可能であった。

このように，健康リスクを排除することができないという問題が発生しているが，それにもかかわらず，「抗リスク消費」の主体となった個人は，「卓越した技術」と「強靱な主体」で健康リスクに対処することを求められている。

こうした「排除不可能な健康リスク」を「排除可能な健康リスク」に矮小化することを可能にしているのが，「ナルシシストとしての内部指向」の「麻痺」という特性である。ナルシシズムの語源はギリシャ語の narcosis（麻痺）であるが，リスクの矮小化を可能にしているのは，自己達成に伴う麻痺である。自己達成による充足感は，自己陶酔という名の麻痺，すなわち，思考停止を引き起こす。

自己充足に伴う麻痺を活用し，思考停止に陥ることで，「予測不可能で，責任の帰属先が不明瞭な健康リスク」は，「予測可能で，責任の帰属先が明瞭な健康リスク」に矮小化される。リスクを矮小化することで，あたかもリスク管理が成功しているかのように錯覚してしまう行為は，自己支配幻想の拡大にもつながり，ナルシシズムを大いに刺激する。健康リスクの排除不可能性がさらに高まるならば，健康リスクを矮小化する作業に伴う麻痺も大きなものになる。

こうして，リスク社会の「抗リスク消費」は，健康という目的からは逸脱し，「能動的安心」を求めて自己充足化していく。

Beck によれば，リスク社会は，「不安を克服する象徴的な場所や事物や人」を発見する「スケープゴート社会」である（Beck 1986＝1998: 120）。増大する体重やウエスト，ビタミン不足，運動不足など，手軽に排除できる対象を「リスク」として恣意的に設定し，設定された対象を排除する達成感を求めれば求めるほど，「抗リスク消費」はリスク回避という目的からは逸脱し，自己充足化していく。

また Z. Bauman は，行為すること自体を目的とした行為を「悪霊払いの儀式」と呼んでいる。Bauman によれば，「悪霊払いが有効で，好ましいのは，実際に妖怪を退治できるからでなく（実際，退治されたことなどめったにない），儀式の実行自体に意味があるからである」（Bauman 2000＝2001: 106）。

かくして，「安心」を追求する「抗リスク消費」が充足感を求めて自己充足化すればするほど，麻痺は効率的に発生し，「健康リスクの排除不可能性」から発生する健康不安は，一時的であるが抑制される。しかし，解決されぬまま

隠蔽され続ける健康リスクは,「リスクに対する不安」として蓄積されているのである。

4 結　論

　以上のように,「抗リスク消費」には「機能的消費」と「記号的消費」に加えて,「自己充足的消費」の側面があることが明らかになった。「抗リスク消費」は3つの側面のいずれかに分類できるというわけではなく, 3つの側面が複層的に重なり合っている。しかし, 複層的に重なりながらも, 社会の変化に応じてその重心は移動する。今日の社会は, 消費社会が成熟飽和の状態を迎える一方で, リスク社会が到来し, 個人化が進展している。このような状況下で,「抗リスク消費」の重心は,「自己充足的消費」の側面に移動しつつあるといえよう。

　健康リスクを対象とした「抗リスク消費」の場合, 健康リスクの有無や増減が身体感覚として実感できないため, 消費行為に伴う充足感を追求する。その結果, 健康不安は自己充足に伴う麻痺で抑制され, 充足感は「安心」として蓄積されていく。健康志向社会を支えているのは,「人びとが健康状態を達成しようとすることを何かの手段としてではなく, それ自身を目的とし, 強制されるのではなく, むしろ積極的に自らすすんで心がけ実践する社会現象あるいはイデオロギー」である（池田・佐藤　1995：265）。「抗リスク消費」に伴う自己充足は,「健康であることの確かさ」や「自己の確かさ」を実感できる数少ない行為なのである。今後は社会調査を通じて,「抗リスク消費」の重心が「自己充足的消費」の側面に移動しつつある点を実証的に検証していく。

　社会学者の間々田孝夫によれば, 今日は「第3の消費文化」が進化と発展を遂げようとしている。「第3の消費文化」とは, 2つの原則に基づいた消費を中心とした文化である。第1の原則は,「精神的価値」を追求し, 消費の質的充実を目指すことである。ここで追求される精神的価値は,「美感」「知識」「愉楽」「新境」「成就」「平安」の6つの内容から構成されている。第2の原則は, 自然および社会に対する負の影響を回避することである。間々田は「第3の消費文化」の事例として, ロハス（LOHAS）, ウォーキング, ジョギング,

ヨガなどを挙げている(間々田 2011：27-32)。

　本章で考察した「抗リスク消費」の「自己充足的消費」の側面は，精神的価値を追求する「第3の消費文化」の一部と考えることもできよう。とくに精神的価値の構成要素である「愉楽」「成就」「平安」などは，「抗リスク消費」の「自己充足的消費」の側面と重なる点が多い。しかし，本章では「抗リスク消費」が自己充足化している点を指摘したのみで，自然や社会との調和を志向する点までは解明できなかった。今後の課題は，健康リスクを対象とした「抗リスク消費」にとどまらず，犯罪リスク，環境リスクなど，多様なリスクを対象とした「抗リスク消費」を包括的に考察することで，「抗リスク消費」を「第3の消費文化」という大きな枠組みから捉えなおすことである。

注
1) 自己充足を意味する「コンサマトリー」は，アメリカの社会学者 T. Parsons が使用した概念に由来する。Parsons によれば，個人の関心を超えた目標を重視する価値観が「道具的活動主義 (instrumental activism)」であるのに対して，自己満足的な個人の目標を重視する価値観が「成就的 (consummatory)」な価値観である (Parsons 1964＝2011：262)。
2) これまで不安に関する考察でおもに採用されてきたのは，被害に遭遇する主観的な見積もりを意味する「リスク認知」を指標とした手法である。たとえば，ある特定の健康リスクを認知すると「個人の感情的反応」として健康不安が生起するという議論は，「心理学的・認知的アプローチ」による研究である。しかし，こうした研究は，健康不安を「個人」の「感情的・情動的反応」に限定してしまう傾向にある。それに対して，今日われわれが抱えている健康不安は，個人の主観的感情にすべてを還元できるものではない。したがって，本研究では，社会構造の水準でリスクを把握する「文化的・社会学的アプローチ」を採用することで，社会的に構成され，共有される「社会的気分」としての健康不安を考察する。
3) しかし，福島第一原発事故に対する評価や健康被害に対する意見で顕著であったように，概して専門家同士で意見は対立する。専門的知見のない一般人が，大勢の専門家のなかから「正しいと思われる意見」を取捨選択しなければならない，というリスク社会特有の新たな問題が発生している。
4) Bauman によれば，健康を含むあらゆる基準が曖昧になった「流体的近代」では，

人びとの遵守する基準が「健康」から「体力 (fitness)」へと移行した。「体力」とは，「主観的経験」であるがゆえに「自然の終焉」がない (Bauman 2000＝2001: 99-104)。Bauman が指摘した「体力」の特徴は，能動的安心を求めて無限追求的に自己達成を繰り返す「抗リスク消費」の特徴と類似している。

○ 鈴木 康治

第8章 抗リスク消費の諸類型
――リスク回避に関する消費行為の論理――

1 はじめに

　本章の主題は，リスク回避に関する消費行為を「抗リスク消費」と総称し，その理論的な類型化を行うことである。当該リスクをとりまく諸要因の違いにより，消費者の行為が規定されることの論理を示しつつ，抗リスク消費に関する類型化を試みる。リスク回避の目的を第一義として行われる諸個人の消費とは，当該リスクの回避が諸個人の裁量において行われるようなリスクへの対処手段の1つとして捉えることが可能である。別言するならば，抗リスク消費は，行為者が自身の責任においてリスク回避のための適切な選択をしなければならない状況に置かれている場合に行われる消費のことである。より正確にいえば，そうした状況に置かれていると少なくとも行為者がその主観的判断において状況を把握している場合に取られる回避のための手段である。他の回避手段を利用することが可能ではあるが，消費という手段を通じて個人的にリスクの回避を企図したほうが当該の状況においてはより適切な意思決定であると考える個人によって選好される回避手段であるということもできる。さらにはまた，抗リスク消費を行う人びとは，市場交換という経済行為を通じてリスク回避を目指す前提として，当然のことながら何らかのかたちでの支払い手段を保有する諸個人である。多くの場合，その支払い手段とは基本的に貨幣であることが想

定される。さらにもう1つ，そもそも市場という経済的制度が当該の人びとにとって等しく利用可能であるという根本的な社会的要件が満たされていなければならない。以上のことから，抗リスク消費を行う消費者の条件として次の2点が挙げられる。すなわち，何らかのリスクを個人的な行為によって回避することを選好していること，およびその回避行動を，自らが保有する貨幣を用いて市場での財やサービスの購入というかたちで実践可能なことの2点である。したがって抗リスク消費の特徴を検討するうえではリスクへの対応という側面に加え，市場社会における個人とリスクとの関係性という側面についての考察も重要な論点となる。本研究ではこうしたリスク回避と消費に関する諸側面の問題を，おもに N. Luhmann の議論に依拠しつつ検討していく。Luhmann によって展開された信頼をめぐる議論やリスクをめぐる議論には，消費とリスク回避にまつわる問題を考えるための有益な知見が含まれていることが明示されるであろう。

　以下ではまず，リスク概念についてのさまざまな議論を検討することを通じて，リスク回避消費と関連する論点の整理を行う。その後，抗リスク消費の類型化に関してその規定要因の検討を行う。そのうえで，諸類型の特徴および類型間の差異に見出せる政策的な含意についても指摘する。

2　社会的事実としてのリスク

　リスクに関する研究は現在，多様な分野から多角的に知見の蓄積が進んでいる。そうしたリスク研究の詳細を踏まえるためには膨大な量の先行研究に目を通す必要がある。ここではそうした作業を行うことはできないため，O. Renn が現在までのリスク研究の動向やその分類を試みる目的で書いたサーベイ論文を利用してリスク研究の動向を瞥見する。以下が Renn によるリスク研究に関する分類である (Renn 1992: 56; 小松 2003: 7)。
1. 保険数理的アプローチ
2. 毒物学および疫学的アプローチ
3. 工学（確率論）的アプローチ
4. 経済学的アプローチ

5. 心理学的アプローチ
6. リスクの社会理論
7. リスクの文化理論

　Renn に従えば，リスク研究のアプローチとして現在少なくとも上記 7 つのものが指摘できる。こうした多様なリスク研究へのアプローチが存在するなかで，本研究が注目するのは「リスクの社会理論」と「リスクの文化理論」のアプローチである。その理由としては，リスクの社会理論およびリスクの文化理論が，その特徴として（社会）構築主義の立場を採用していることが挙げられる。[1] 両アプローチは構築主義に依拠することで，さまざまなリスクを「社会的事実」として捉えた場合に見出せるリスクをめぐる諸問題への取り組みを可能にする知見を提供するものである。

　構築主義は個人や集団に認識される「現実」それ自体が，その現実に関与する人びととの間での理解や解釈によって構築されたものとする立場である。現実とはすなわち，人びとの間で何らかの理由に基づき「事実」であると了解された社会的な構築物の集合のことである。この意味において，構築主義の観点からみた事実とはすべて，その性質上から必然的に「社会的事実」である。人びとは社会的事実を「現実」として認識することで，社会や世界（意味空間）のなかでの自分の立ち位置つまりはその生の意義を規定しそれを再生産し続けながら生活を継続させている存在である。現実に対するそうした理解を前提とするとき，「リスク」もまた 1 つの社会的事実として人びとの前に現出されることとなる。

　リスクの問題を考察するに際して，構築主義の立場に依拠する研究上の利点とは何か。この問いはまた，リスクを社会的事実として捉えることの研究上の利点とは何かとして換言できる。リスクの社会的事実としての側面に留意することでみえてくる問題，それは将来的な負の事態（損害）に対する個人や集団レベルでの「認識や合意の有無」，あるいはまた「合意の強度や範囲等に関する差異」という要素が，リスク対応に関わる社会的行為の方向性を左右する重要な規定要因として作用しているということである。構築主義の観点からリスクを捉えることではじめてその論理が明確にみえてくる。したがって構築主義に基づくリスク研究からは，当該リスクに関する社会的事実としての認識の有

無,あるいはその認識が社会成員の間でどの程度共有されているかの違い等によって,リスク対応の行為に差異が生じる点を捉えるために有効な知見の導出が可能である。

3 リスク概念に関する二分法

　本節ではリスクを類型化する2つの議論をそれぞれ瞥見する。はじめに F. H. Knight によって提示されたリスク概念の二分法を確認する。次に Luhmann によるリスク概念の二分法を検討する。

　リスクは,その状況の同定化の難易によって2つに大別することが可能である。酒井泰弘は Knight の分類を元にリスクを狭義の「リスク」と「不確実性」とに分けることを主張する(Knight [1921] 2005＝1959: 66-67; 酒井 2010：118-122)。表8-1がその二分法に基づく類型化である。

　この分類における規定因は負の事態に対する予測の確率論的な同定化が可能かどうかという点である。社会のなかでリスクとして認識されている何らかの危険性の発生が,確率論的な手法を用いてその状況の同定化が可能であると合意されている種類のものを狭義の「リスク」と呼び,より漠然とした危険性であるとの了解がゆるやかになされているものを「不確実性」と呼ぶということである。この意味での不確実性はとくに「ナイトの不確実性 (Knightian uncertainty)」と呼ばれている。この分類は後段において,抗リスク消費を類型化する際に利用する。

　一方 Luhmann は,「帰責意識」という観点に基づくリスクの二分法を提示する。Luhmann は行為決定とその帰結(損害)にまつわるリスクについて,帰責意識(損害責任の帰属先に関する社会的合意)の相違に注目してそれを狭義の「リスク」と「危険」の2つに分類することの意義を強調する(Luhmann 1991 ＝ [1993] 2002: 21-22)。表8-2はリスク概念に関する Luhmann の二分法をまとめたものである。

　Luhmann は,何らかのリスクが負の事態として実現してしまった場合に,ある行為者からみてそうした事態を招いた責任が自己にあると社会的に帰属させられてしまったものを狭義の「リスク」と呼び,自己以外のものに帰責させ

3　リスク概念に関する二分法　119

表8-1　Knight＝酒井のリスク概念

リスク risk	狭義のリスク risk	確率論的に状況の同定（一般）化が可能な将来の負の事態（損害）予測
	不確実性 uncertainty	確率論的な状況の同定化が困難な漠然とした将来の負の事態（損害）予測

表8-2　Luhmannのリスク概念

リスク risk	狭義のリスク risk	行為者自身の決定（行為選択）に由来するものとして，その責任の帰属先が自己にあるとみなされる損害
	危　険 danger	行為者以外の外部（他者・自然・運命・神など）にその責任が帰属するとみなされる損害

られたものを「危険」と呼ぶ。ここで「社会的に帰責させられる」ということの意味は，当該リスクに対する責任の所在が特定の個人や集団などにあることが，1つの社会的事実として多くの人びとに了解されてしまうということである。

　責任の所在がどこに特定化されるのかをめぐる社会的な作用をみるためには，Luhmannのいう「セカンド・オーダー」の観点から分析対象であるリスクをめぐる社会状況を捉えなければならない。ここでセカンド・オーダーの観点とは，「どのように」の水準においてなされる観察ということになる（小松2003：31-32）。Luhmannは社会の観察にあたって，その観察水準を2つに区分する。その区分が「ファースト・オーダー」と「セカンド・オーダー」という観察水準である。ファースト・オーダーによる観察の対象がいわゆる「何が」の水準であるのに対して，セカンド・オーダーによる観察が上記の「どのように」の水準による観察である。両者の違いは，観察にあたっての「問い」の立て方の違いである[2]。リスクの観察を例にするならば，ファースト・オーダー水準からのリスク観察では，世界のなかのある事象（問題の対象として事前に特定化されている）の属性としてリスクを捉える視点を保持し，その観察枠組みのなかで認識されたリスクを分析していくことを志向する。ある「事象」とはたとえば「技術」「物質」「出来事」「制度」などを指す。特定化された「事象」にまつわるリスクの原因やメカニズムやその危険性の度合いの見積りなどとい

うかたちで，当該のリスクを観察していくという水準がファースト・オーダーである。ここでは「何が」リスクの原因であるかといった問題の検討に観察者の関心は向けられている。特定の分野の専門家などによる問題分析がファースト・オーダーの観察の例として挙げられる。対してセカンド・オーダーの観察水準では，観察の対象がファースト・オーダーの観察者や関与者であるということが大きな特徴である。ゆえに Luhmann はセカンド・オーダーの観察の営為を指して，「観察の観察」とも表現する（Luhmann 1991＝［1993］2002: 14）。セカンド・オーダーの観察では，あるリスクをめぐる観察者たちの行為やその帰結に関心が向けられている。リスクの「扱い方」，あるいは当該リスクに対する「そもそもの問題設定の仕方」などが「どのように」なされているか，そして今後は「どのように」なされていくのかといった点を観察することがその目的である。したがってこの場合の問いの立て方とは，まさに「どのように」リスクが認識されているかということになる。つまりは「未来の損害の可能性」としてのリスクの解釈をめぐって，その可能性や責任の所在などが1つの社会的事実としてコミュニケーションを通じて人びとの間で形成されるそのあり様の分析に関心の中心がある。

　それゆえ Luhmann のいう帰責意識は，あるリスクに対する諸個人のいわゆる態度や心構えのことではないことに注意する必要がある。あくまで Luhmann における帰責意識とは，リスクに関する社会的な次元での責任の帰属先の決定のことである。セカンド・オーダーの観察に基づく「リスク」と「危険」の区分は，リスクに対する「責任」の所在が人びとの間のコミュニケーション過程を通じて社会的事実としてどのように確定されていくかを分析するための方法論である。したがって，あるリスクに対する個人（主観）的な帰責意識と社会的な次元で構成される「事実」としての帰責先とは必ずしも一致しない。

4 「危険」の「リスク」化と消費者

　本節では先に瞥見した Luhmann の二分法を用いて，現代社会において「危険」の「リスク」化が進行することの論理を示す。加えて，「リスク」化した

危険性に関する責任の多くが個人に帰属させられていくことの要因の1つ（コミュニケーションのための語彙）が市場（貨幣）経済に由来するものであることを指摘する。そのうえで現代社会にあっては，個人的なリスク対応手段の1つとして抗リスク消費への誘因が遍在していることを論じる。こうした点をみる前に，まずはリスクの対応をめぐる公共（社会）的対応と個人的対応との間の関係性について整理しておく。

何らかのリスクに対する対応としては大きく分けて「公共的対応」と「個人的対応」があるといえる。リスク回避の手段としては，公共（社会）的対応が基本であり，個別的に行われる個人的対応は二義的あるいは追加的な手段となるのが通常であるとここでは想定する。というのは，公共的または社会的に何らかのかたちでリスクが軽減されているならば通常，個人的対応を積極的に行うための誘因は弱いであろうと考えるからである。ただし，ここで「通常」であるとの意味は，公共的対応を管掌する組織や制度などのシステムに対する信頼が十分に保たれている状態を前提可能の場合である。Luhmann のいう「システム信頼」が機能している状態である（Luhmann 1973＝1990: 104-105）[3]。システム信頼とは制度それ自体やその運用に対する非人格的な信頼のことである。システムへの信頼が動揺している場合には，公共的対応が十分に取られているリスクに対しても当該リスクの軽減（不安の解消）につながらず，個人的な対応への誘因が強まることとなる。以下に示す公共的対応の類型は，システム信頼が十分に確保されているとの前提において有効となるものである。

1. 「禁止・制限」＝法令などの直接的規制
2. 「パターナリズム」＝社会資本や公的制度の整備などの公共サービス
3. 「経済的インセンティブ」＝課税，補助金などの間接的規制
4. 「集団的組織化」＝地域共同体や家族など，人的ネットワークによる互助
5. 「啓発」＝教育，注視，調査などの情報提供

この類型の並びは上から順に公共的対応の効果が大きいと思わるものが列挙されている。番号が小さい対応策が社会的に整備されているリスクほど，その回避のための個人的対応を追加的に行う誘因が弱いと考えられる。反対に番号が大きくなるにつれて公共的対応は手薄になっていくため，当該リスクは個人的対応の対象となる機会が拡大する[4]。

現代社会は「危険」の「リスク」化を急速に進行させる論理を内在している。その論理としてここでは次の3点を指摘しておく。これらの諸点は相互に補完するかたちで多様な事象間の因果連関を生成しつつ特定化するように作用し，結果として「危険」の「リスク」化を促進する要因である。

1. 社会関係の複雑化
2. 科学や技術の進歩
3. 行為における選択肢の増大

最初に社会関係の複雑化という点からみていく。社会関係が複雑化した要因はおそらくは無数に挙げられると思われるが，なかでも大きな要因としては2つ目の論点とも関わるが科学や技術の進歩に伴う分業の進展や交通通信網の拡大などが指摘できる。リスクという観点からすれば，さまざまな事象間の背後にある因果連関が複雑化することで，たとえば自然災害や地球環境問題などとしてその危険性が顕在化した場合でも，責任の帰属先を明確に決定しえないような事例が増加する。その結果，深刻なリスクがあり，実際にそうしたリスクが問題として発生しているにもかかわらず，特定の個人や組織や集団などに異論の余地がないようなかたちで明確な責任を負わせることが困難な事態が多発することとなる。そして逆説的に，責任に関するこうした不明確さを抱えた曖昧な事態の多発ということが，社会的事実としての帰責意識の確定をめぐるコミュニケーションを活発化させる要因として作用しているのである。曖昧であるからこそ「責任」という社会的事実が高度な可鍛性のもとに造出可能となっている。

そうした事態にあってリスクをめぐるコミュニケーションの語彙を提供する基盤が高度に発達した科学的知見と技術の進歩である。科学と技術の進歩は，それまで「自然」とみなされていた領域を次々に制御の領域へと内部化することで，いわば「自然」を「人為」の範疇に組み入れてきた。その過程で以前は原因（関連性や因果性）が特定化されなかった危険性に対する理解の深化も進んでいった。さらにはまた，従来の技術水準では回避することが不可能またはできたとしても多大な困難を伴うものであった危険性について，それを回避することが比較的容易にできるようになるなどの進歩もみられた。こうした科学や技術の進歩は確かに社会の諸側面において利便性や安全性の向上に貢献してき

た。しかしその一方で、以前の社会では「不運な事故」「天災」「宿命」「神の怒り（天譴論）」などとして諦念や神秘化の対象とされることにより、Luhmann のいう「危険」の範疇に分類されえた事象が、徐々に「リスク」化する契機をも提供し続けてきたといえる。それは同時に、リスクに関する責任の所在の明確化が追求されていく傾向を助長する要因ともなっていた。

　こうした科学や技術の進歩に伴う知識の増大は、確かに人類全般の活動の可能性の幅を大いに拡張してきたといえる。しかしそうした活動の可能性の拡大の裏側として、諸個人の「無作為」がある社会的事象のための帰責意識を構成する際の論拠として取り上げられるという事態をも招いている。とくに何らかの損害が発生した場合などにおいてそうした傾向が顕著に現れる。最善の行為選択を行っていれば、当該の損害を回避もしくは少なくともその程度を軽減できたかもれないとの論理において、損害の被害者自身に対する帰責の余地を指摘するコミュニケーションの方向性が拡張されるからである。つまりは、無作為（または選択ミス）に対する責任がいつでも遡及的に追求される可能性が現代社会では遍在するということである。ひとたび「どうしようもなかった」ことではなく、「事前にしっかりと準備し適切な対応を取っていれば被害を十分に避けられた」こととして当該の事象（被害）が社会的事実として了解されてしまったならば、その結果として被害者自身への帰責意識が社会的に確定されていく状況を造出していくこととなる。「運命」から「蓋然性（確率）」の問題の事例へと当該の被害が分類されていく可能性の増大といえる。こうして損害に対する責任帰属の個人化の傾向が強まっていく。いわゆる自己責任論の強化の論理とは、この点において行為の自由や生き方の幅の拡大の論理と表裏一体の関係性を有していることに留意しておくことは重要であろう。

　　社会がさらされている脅威の量や程度が問題なのではなく、その損害の帰結を、「自然」や「宿命」や「神」にではなく、誰か、あるいは何らかの社会システムのおこなったある種の決定に帰属することへの感受性がきわめて高まっている、ということが、近代と「リスク」とをきわめて密なかたちで結びつけているのである（小松 2003 : 38）。

現代社会ではリスクの帰責に対する過敏な感受性が醸成される堅固な基盤が存在するといえる。リスクへの過敏な感受性が存在する社会のなかで無作為に対する譴責可能性が社会的事実としてまさに構築されていくのである。
　市場経済の発達もリスクの帰責意識に関するコミュニケーションの行方に大きな影響を与える要因となっている。その論理はここでもまた「無作為」に関わる問題である。市場経済の発展に伴う諸個人の自由の拡大の裏面として無作為の譴責可能性が帰責意識の個人化のために持ち出される。次にそうした市場社会とリスクとの関連についてみていく。
　市場社会では貨幣使用に付随する論理において、「危険」の「リスク」化がいっそう助長される（Luhmann 1988=1991: 269-272）。貨幣がもつ一般的な交換可能性の機能が強力に作用するからである。貨幣の一般的な交換可能性は、諸個人の行為の自由を拡大する。貨幣さえ保有していれば、市場交換において多くの財が利用可能となるからである。しかしその半面では、未来の損害の責任をまさにその自由な行為選択の帰結として、行為者自身に帰属させる力能としても作用する。無作為に対する譴責可能性は、貨幣使用を伴わざるをえない市場制度にも不可避的に内包されているのである。

　　　機能面で見ると貨幣は、経済が一般にそうであるように、将来への備えに役立つ。……貨幣を持っているということは将来をもっているということであり、貨幣使用は「将来を売り買いすること」なのである。……確かにこの還元は、心配の全くない生活をもたらすわけではないが、経済特有の依存関係にもとづいて不確実性を体系化する道ではある。しかしメディアはこうした不確実性と危険をいきなり取り除くのではなく、それらをリスクに変換するのである（Luhmann 1988=1991: 269）。

　市場社会においては「不買」（買わない）ということもまた、1つの行為としての意味を帯びる。市場社会にあって不買すなわち無作為の個人は、社会的につねに「無作為」という行為を選択したとみなされる可能性を排除できない。不買の選択とは、つまりは貨幣保有の延期を選択したことと同義である。したがって、何らかの負の事態が発生した際に、もしそうした事態が適切な財の購

入を事前に行っていれば回避できた可能性が指摘されるならば，その責任が「不買」を理由に被害者自身に社会的に帰属させられる事態はいつでも生じうる．諸個人が貨幣を保有するかぎりにおいて，その貨幣保有という事実に基づき人びとはつねに「消費者」という選択主体であることを不可避の社会的役割として担い続ける必要がある．その一方で，貨幣を自分の願望に応じてつねに適切に支出できると確信をもてる人はおそらくいないであろう．とすれば消費者としての諸個人は，その貨幣の使い道を自由に決定できると同時に，貨幣使用という選択の可謬性に対する責任をつねに負わせられる危険性をも抱え込まざるをえないのである．Luhmann の以下の言葉は，消費者とは何かに関するまさに正鵠を射た記述である．

　　貨幣を支払えば何でも買えるが，そうであればこそ，決定を誤るリスクは大きい．いいかえると可能性の幅が広いために，正しい決定の行なわれる確率が極端なまでに小さくなるのである（Luhmann 1988＝1991: 270）．

　現代社会ではリスク回避のための個人的対応の有効な手段として，市場を通じた回避行為への誘因が強まる．制度としての市場に対するシステム信頼は比較的高いということがその理由の1つである．加えて，貨幣にまつわる行為の自由とリスクの自己帰責意識との相補性が市場志向を強化するためである．先に述べたように抗リスク消費とは，諸個人が個人的対応として消費行為のかたちで市場を通じてリスク回避を行うことである．市場社会でもある現代社会においてはそれゆえ，抗リスク消費への誘因が非常に高まっているといえる．

5　抗リスク消費の類型化

　これまで考察したことからもわかるように，現代社会においてリスクの問題を分析する視点として，消費とリスク回避との関係性を検討することの重要性は高いといえる．抗リスク消費の類型化という作業は，この点において有益な知見を提供するであろう．本節ではまず「抗リスク消費」の用語法について検討を加える．その後で抗リスク消費の類型化を試みる．

表8-3 リスク回避消費とリスク忌避消費

リスク回避消費	・消極的価値の追求 ・問題対処的な志向性
リスク忌避消費	・積極的価値の追求 ・問題設定的な志向性

　一般にリスク回避に関わる消費行為には,「リスク回避」および「リスク忌避」という性質が異なる2類型の行為が含まれるというのがここでの立論の前提となる基本的な考え方である。リスク回避に関する消費行為をより一般的に指し,両者の意味合いを総称することが可能な用語として「抗リスク消費」の語を使用する。

　表8-3はリスク回避消費とリスク忌避消費とを行為の性質において対比したものである。ここで「消極的価値の追求」とは,何らかのリスクが生じる可能性を必要に迫られて避けようとしている人を指している。つまりとくに問題がなければ無作為のまま過したいのであるが,何らかの理由でこのままの生活を続けると特定のリスクが実現する可能性が高まっているために,仕方なく回避のための消費行為を行う個人が想定されている。この意味でそうした消費は「問題対処的」な志向性のもとに行われているといえる。他方,「積極的価値の追求」とは,個人が有する価値観において特定のリスクが「嫌悪」や「忌避」の対象とされており,そうした嫌悪の対象の実現可能性をとにかくより小さいものにしようと積極的にリスクに抗しようとする人を指すものである。この型の消費行為では,かりに無作為を選択しても,当該リスク実現の脅威はほとんどないような状況においてさえ,忌避の対象としてリスク「問題」を行為者自らが設定して回避のための消費を行う個人を想定しているため,それを「問題設定的」な志向性をもつ消費として規定している。抗リスク消費とはこのような2つの類型をもつリスク回避に関する消費の総称である。

　抗リスク消費は消費行為の類型と対象となるリスクの性質との関係において4つの類型に分類可能であるというのが本研究の立場である。表8-4はその4類型をまとめたものである。

　以下,それぞれの類型に関して説明を加える。なお,消費行為の「機能的」

表8-4 抗リスク消費の4類型

	不確実性	リスク
機能的消費	Ⅱ リスク回避消費	Ⅰ リスク回避消費
象徴的消費	Ⅲ リスク忌避消費	Ⅳ リスク忌避消費

と「象徴的」との区分は，各消費者の主観的な意味合いにおける自己の行為理解に関するものである。[5] 手段・目的関係という主観的な認識に照らして，自己の行為の実践と一定の行為帰結との間に強固な因果性があることの信念の度合いがその分類の基準である。すなわち機能的消費とは，当該行為の帰結として一定の認知可能（数値の変化や外見の変化など）な客観性の高い効果を期待している消費者の行為であるといえる。一方で象徴的消費とは，行為とその帰結との間に緩やかな因果性つまりは不確実性のみを主観的に認めている消費者の行為のこととして規定できる。別言するならば，象徴的消費とは行為帰結ではなく，むしろある一定の行為や行為連関を遂行すること自体のうちに主観的評価の高い比重が置かれている行為ということになる。

　類型「Ⅰ」は行為の動機と帰結とが整合している「リスク回避消費」である。この類型の消費の特徴は「消極的価値」の追求を志向していることである。「回避」の対象であるリスクは確率論的にリスクの危険性が計算可能なタイプの狭義の「リスク」である。消費者自身もそうしたリスクの性質を認識しており，当該のリスク回避に有効な機能を有する「財（サービスを含む）」の購入のために消費をする。財の購入およびその使用などにより当該リスクの実現可能性が少なくなったことが確認されればそれ以上のリスク回避消費は行われない。この意味においてこの類型の消費は整合性を有する。それゆえ「整合型のリスク回避消費」と呼ぶことができる。

　類型「Ⅱ」は行為の動機と帰結とが合致しない「リスク回避消費」である。「回避」の対象であるリスクは確率論的に危険性の計算が不可能なタイプの「不確実性」である。リスクと原因との間の因果連関がそれほど明確ではない

とされるリスクであるのにもかかわらず，その回避に有効な機能をもつと考える財の購入により，リスク回避を実現したと考える個人の行為を想定している。不確実性というリスクの性質上，根本的な回避はそもそも達成されない。しかし消費者自身は消費を繰り返すことで当該リスクの実現可能性を着実に低減させているとの思いがある。すなわちこの類型の消費では，手段であるはずの消費に関してその消費行為自体が目的とされ，実質的な回避の効果の有無とは無関係に消費が反復されるおそれを孕んでいる。手段の追求が自己目的化しているともいえる。積極的価値の矮小化が消費者のなかで行われているのである。本来は「忌避」の対象であるはずの当該リスクが，個人のなかでは適切な対応手段を取ることで回避可能なリスクとして混同あるいは錯覚されている。この類型の消費者は，自分で手段を目的にすり替えることで，いわばその手段の消費を通じて得られる一時的な達成感に安心や快楽を見出しており，この自己目的化した一時的な達成感を無限に追求する傾向性をもつ。抗リスク消費の行為それ自体を志向する側面を有しているともいえる。最終的なリスク回避への接近を漸進的かつ継続的に着実に遂行しているとの思いのうちに内面的な満足を引き出し，いわば自足しているのである。この意味においてこの類型の消費は「不整合型のリスク回避消費」といえる。

　類型「Ⅲ」は行為の動機と帰結とが合致している「リスク忌避消費」である。この類型の消費は積極的価値の追求を企図して行われる。「忌避」の対象となるリスクは「不確実性」である。この類型に分類される消費者は，自身が忌避するものが根本的な回避を拒む性質をもつことを明確に理解している。そのうえでなおかつ，自身の価値観に照らして「忌避」すべきことがらをリスクとして把握し，種々の財の購入を通じて忌避行為を実践している個人が想定されている。根本的な回避の不可能性を自覚しつつ，なおかつ「忌避」のための消費を行うという点において，その消費は必然的に象徴的な性質を帯びざるをえない。当該個人が「忌避」という目的の追求においてそのための象徴的意味を帯びた財の購入を実行していると解釈できるからである。この類型の消費はこの点において，「整合型のリスク忌避消費」である。自らの設定した問題の根本的な解決を期待しないという側面を有することから，この種の消費行為はときとして遊戯性や儀礼性を志向することにもつながる。

類型「Ⅳ」は行為の動機と帰結とが整合しない「リスク忌避消費」である。狭義の「リスク」が「忌避」の対象であるため、合目的性という観点から行為の整合性を判断するならば、消極的価値の追求になるはずである。しかしこの類型に分類される消費者は、本来は「回避」の対象であるはずのリスクを「嫌悪」するあまり、いわば過剰にリスク回避を問題化してしまっているような個人である。この類型に分類される消費者とは過剰予防にまつわる問題性を抱えた個人である。適切な回避手段を取れば当該リスクの実現可能性を確率論的に低下させることができ、回避のための消費はその時点ですでに不要となっているのではあるが、消費者の主観的な位置づけにおいてはなお、当該リスクが「忌避」の対象として際限なく再定立されるために、合目的性を逸脱して本来何もないところに擬制の「リスク」が構成されていることを認識することができない。この意味でこの類型の個人は問題の過剰設定を行う消費者であり、その行為は整合性を欠くものとなっている。それゆえその消費の性格も象徴性を帯びざるをえない。確率論の観点からは十分に回避済みといえるリスクについて、その忌避ゆえに「不安の解消」という象徴的意味を帯びる財の購入をこの類型の消費者は過剰に追求していると考えられる。したがって、この類型は「不整合型のリスク忌避消費」と呼ぶことができる。

　以上の4つの類型が抗リスク消費の理論的な分類である。抗リスク消費の類型化に関連する規定因について簡潔に整理しておく。なお、抗リスク消費の類型化を規定する要因としてここでは、これまでの議論において検討してきたリスクをめぐる問題の範囲のなかで挙げられる点のみを指摘する。すなわち「社会的合意」「公共的対応」「システム信頼」「帰責意識」の4つである。「社会的合意」の規定性は当該のリスクがどのような「リスク」として社会的に了解されるかをめぐり、その了解の範囲や程度の違いにより対応も異なったものになるというかたちで発揮される。次に「公共的対応」については、かりに公共的対応が十分であれば、個人的対応の範囲が限定されるという点においてその規定性が見出せる。また「システム信頼」については、公共的対応への信頼が強固な場合に個人的対応への誘因が抑制されることとなるため、この点において規定性があるといえる。そして「帰責意識」の規定性とは、その認識の違いが当該リスクを諸個人が自身の選択的な行為の帰結として回避することが可能か

どうかの判断に大きく影響を与えることである。ほかにも多様な規定因の複合的な帰結として諸個人のリスクに対する理解が形成され，その理解に基づき適切と考える回避のための対応手段が取られることになるだろう。

6 結　論

本研究においてはまず，抗リスク消費には「リスク回避」と「リスク忌避」という行為の性質が異なる2つの消費行為が含まれるとの前提を確認した。また，そのそれぞれについて「整合型」と「不整合型」の2類型に分類可能であることを示した。したがって，抗リスク消費は4つに行為の類型化が可能である。この類型化の作業を踏まえたうえで，抗リスク消費が整合型となるための鍵は，消費者が直面しているリスクの性質を正しく把握することであることを確認しておきたい。抗リスク消費の類型化を規定する要因の1つはリスクの「性質」であった。当該リスクの性質を正しく把握するためには，狭義の「リスク」と「不確実性」とに正しく分類できるような制度づくりがきわめて肝要であるとの政策的含意がそこには見出せる。この点は「帰責意識」に基づくリスクの分類においても同じである。いずれにしても，人びとが種々のリスクに適切に対応できるようになるためには，自分が直面しているリスクがどのようなものであるかについての正しい情報を広く社会的に共有できる仕組みがあることが重要であることに変わりはない。

繰り返し論じたように，抗リスク消費とはリスクに対する人びとの消費を通じた個人的対応のことである。したがってまずは不必要な個人的対応への誘因を抑制するための関連諸制度の構築が優先課題であるといえる。そしてそうした制度の構築がなされたならば，次にはその運用面での信頼性の構築や強化が重要な課題となるであろう。

現代の消費生活のなかには，健康・犯罪・災害などのリスクに対する関心や懸念が広く浸透している。本研究で検討した抗リスク消費の類型化の図式は，リスクを回避する人びとの実際の消費行動を説明する枠組みとしてどこまで有効であろうか。消費生活に関する社会調査等を通じて今後，その理論的枠組みとしての有用性を検証していきたい。

注

1) 代表的な研究として Luhmann (1991＝[1993] 2002), Douglas ([1966] 2002＝[1972] 2009), Douglas and Wildavsky ([1982] 1983) などがある。なお, 社会・文化理論的なリスク論をその理論的枠組みに基づき,「文化記号論」「リスク社会論」「統治性論」という 3 つの主要な系統に整理し, それぞれの議論的特徴について論じたものとして Lupton ([1999] 2013) を参照。

2) 観察水準の違いに関して Luhmann は,「対象」の観察と「概念構成」の観察との違いであると説明している (Luhmann 1991＝[1993] 2002: 14-16)。当該の問題に関わる対象をまさに「対象」として捉えるための手段 (道具) である分析概念について, そうした諸概念の形成や概念に照らした問題状況の区分が社会的にどのようになされているのかという点に関心を向ける観察が「概念構成」の水準 (セカンド・オーダー) ということである。

3) Luhmann によれば, システム信頼というきわめて高い一般性をもつ信頼の構築を可能にしている社会的基盤は, 確実な効果を有する「コミュニケーションのチャンス」である (Luhmann 1973＝1990: 104-105)。

4) どのようなリスクが公共的対応の対象となるかについての決定過程にも, リスク受容をめぐる社会的合意の問題が関係している。合意プロセス・利害関係・社会構造・道徳基盤などの社会・文化的要因がその決定過程に影響を与えるからである。M. Douglas はそうした社会・文化的要因の作用を考慮に入れたリスク認識やリスク受容の社会科学的な分析枠組みを構築することの重要性を指摘している (Douglas 1985: 14-18)。

5) これまでの消費社会研究において「記号消費」の概念は, その語義に曖昧な部分を含むままに使用されてきた。それが消費者の主観的な志向性つまりは「消費態度」に関する区分を指すものなのか, あるいは社会事象としての客観的な「消費行為」の分析的理解を指すものなのかという評価基準の次元に関わる曖昧さのことである。消費者個人の「精神的価値の満足」を指す場合に同概念は用いられてきたし, 消費の「顕示的」な側面を指す場合にも同じく使用されてきた。今後は同概念の使用にあたり用語法の明確な規定や使い分けが必要であろう。たとえば, 消費者の主観的意味づけを指す場合には「象徴的消費 (symbolic consumption)」と表記し, 消費行為の記号論的分析を指す場合には「消費記号論 (the semiotics of consumption)」と表記して明確に使い分けるというようなやり方である。

調査概要

　本著作の分析でもちいられるデータは，以下の社会調査（以下，2010年調査）によって収集されたものである。
　　調査名…………多様化する消費生活に関する調査
　　調査主体………グローバル消費文化研究会（代表：間々田孝夫立教大学社会学部教授）
　　調査委託………中央調査社
　　母集団…………新宿駅40km圏の日本国在住の日本国籍で15歳以上69歳以下（2010年8月末現在）の男女個人
　　標本抽出………住民基本台帳を用いた2段抽出によって該当年齢の個人を無作為に抽出
　　調査方法………郵送法による質問紙調査
　　調査期間………2010年9月～10月
　　計画標本規模…4,000件

1　標本抽出

　東京圏でこれまで消費に関する社会調査を継続実施してきた私たちグローバル消費文化研究会は，2007年に実施した調査と同様に，2010年調査でも調査地域を新宿駅40km圏に設定した。調査地域を新宿駅40km圏としたのは，東京圏を構成する都市部，郊外地域を適切に捉えることができると判断したためである。なお，郊外地域を都市部である東京23区への通勤率10%以上と操作的に定義した場合，2010年調査データにおいて，都市部，郊外地域のいずれにも含まれない市区は6つ（抽出した128市区の4.7%）にとどまる。[1]

　標本抽出は標本規模を4,000件としたうえで，まず，新宿駅40km圏の市区を第1次抽出単位として，確率比例抽出法によって以下の128市区を抽出した。

調査概要

表1 標本抽出

都県	第1次抽出 (市区)	第2次抽出 (個人)
茨城県	1	20
埼玉県	32	780
千葉県	21	620
東京県	41	1,620
神奈川県	33	960
計	128	4,000

【茨城県 (1市)】取手市
【埼玉県 (32市区)】さいたま市浦和区, 見沼区, 桜区, 西区, 大宮区, 南区, 北区, 緑区, 南埼玉郡宮代町, 入間郡三芳町, ふじみ野市, 越谷市, 桶川市, 久喜市, 狭山市, 戸田市, 坂戸市, 三郷市, 春日部市, 所沢市, 上尾市, 新座市, 川越市, 川口市, 草加市, 朝霞市, 鶴ヶ島市, 入間市, 富士見市, 北本市, 蓮田市, 和光市
【千葉県 (21市区)】千葉市稲毛区, 花見川区, 若葉区, 中央区, 美浜区, 印西市, 浦安市, 我孫子市, 君津市, 佐倉市, 四街道市, 市原市, 市川市, 習志野市, 松戸市, 船橋市, 柏市, 八千代市, 木更津市, 野田市, 流山市,
【東京都 (41市区)】江戸川区, 江東区, 港区, 荒川区, 渋谷区, 杉並区, 世田谷区, 千代田区, 足立区, 台東区, 大田区, 中央区, 中野区, 板橋区, 品川区, 文京区, 豊島区, 北区, 墨田区, 目黒区, 練馬区, あきる野市, 稲城市, 国分寺市, 小金井市, 小平市, 昭島市, 清瀬市, 西東京市, 青梅市, 町田市, 調布市, 東久留米市, 東村山市, 東大和市, 日野市, 八王子市, 府中市, 武蔵野市, 福生市, 立川市
【神奈川県 (33市区)】横浜市旭区, 磯子区, 栄区, 金沢区, 戸塚区, 港南区, 港北区, 神奈川区, 瀬谷区, 青葉区, 泉区, 中区, 鶴見区, 都筑区, 南区, 保土ケ谷区, 緑区, 川崎市宮前区, 幸区, 川崎区, 多摩区, 中原区, 麻生区, 相模原市中央区, 南区, 緑区, 綾瀬市, 海老名市, 鎌倉市, 厚木市, 座間市, 大和市, 藤沢市

抽出した128市区から, 系統抽出法によって, 該当年齢の個人を計4,000件

抽出した。概要は表1のとおりである。

2 調査の方法

2010年調査は2010年9月～10月に郵送法で以下の要領で実施した。近年の社会調査，とりわけ，都市部での郵送調査における回収率の低下傾向を考慮して，本調査では，調査協力者には謝礼を送付した。
（1）事前挨拶状の送付
（2）依頼状，調査票の送付
（3）未返送者への第2回調査票の送付
（4）調査協力者への謝礼（クオカード）の送付

調査結果へのバイアスが懸念されることは承知していたが，上述のように回収率の低下傾向を考慮して2010年調査では謝礼送付を実施した。調査結果へのバイアスについて付言すると，謝礼は社会貢献に積極的とはいえない個人の調査協力の誘因になると考えられるため，調査協力者の属性の偏りをむしろ抑制する効果が期待できる。こうしたことから，謝礼が調査結果にバイアスをあたえるとは一概にはいえない。両者の関係性については慎重かつ多元的に検討する必要があるだろう。

なお，本報告書の諸稿から明らかなように，2010年調査の分析結果と2007年調査の分析結果との間には，大きな傾向的違いは認められなかった。

本調査では，抽出した個人にID番号を割り当て，調査票にID番号を印字して調査を実施した。これは調査を適切に実施するとともに，調査協力の有無の属性的な特徴を明らかにすることを目的としている。なお，抽出した個人の情報のうち，氏名，住所の町丁目についてはデータ化しておらず，データから個人の特定はできないようにしている。

3 回収結果

2010年調査では，計画標本規模は4,000件として標本抽出を行ったが，標本抽出上の人為的なミスが1件あり，表2のとおり，調査票を未送付とした。ま

表2 調査票の回収結果

未送付	1
逝　去	1
未　着	65
拒　否	13
未返送	2,151
無効票	26
有効票	1,749
計	4,006
有効抽出数	3,933
回収票数	1,775
回収率	45.1％
有効回収率	44.5％

た，実査時に逝去された個人が1件，送付した調査票の未着が65件あった。これら計67件を計画標本4,000件からのぞいた3,933件を有効抽出数とし，回収票数が1,775票であることから，回収率は45.1％（回収票数／有効抽出数）になる。さらに，回収票数1,775票から無効票26票をのぞいた1,749票が有効票であることから，有効回収率は44.5％（有効票／有効抽出数）となる。

　以上については表2にまとめてあるが，表中の「計」は4,006件になっている。これは川崎市では条例で調査票へのID番号の印字を禁じているため，同市の調査では，調査協力の謝礼送付の手続きの際に，住所や氏名などの情報をえて事後的にID番号と照合した。だが，それでもなお，個人の特定が困難なケース6件が有効票に含まれていたため，計画標本規模4,000件を6件上回ってカウントされている。

　表3は2010年調査で扱った都県の人口（2010年国勢調査人口），標本，有効票に関して，性別と年代についてクロス集計したものである。

　調査都県人口は調査地域とは厳密には合致しないものの，それを参考に標本の分布をみると，特定の年代にほとんど偏りなく標本が抽出されていることがみてとれる。また，有効票についても，20代〜40年代男性の比率が都県人口や標本の比率に比してやや低いものの，際だった偏りは認められなかった。

　表4は性別と調査都県についてクロス集計したものである。上述したように，調査都県人口は厳密には調査地域とは合致せず，新宿駅40 km圏で抽出され

表3 性別×年代(全体%)

年代	調査都県人口 (N=28,244千人)			標本 (N=4,000)			有効票 (N=1,749)		
	男性	女性	計	男性	女性	計	男性	女性	計
10代	3.2%	3.0%	6.2%	3.6%	3.0%	6.7%	3.8%	2.9%	6.7%
20代	8.6%	7.9%	16.5%	8.1%	8.1%	16.2%	5.6%	9.0%	14.6%
30代	11.2%	10.5%	21.7%	10.9%	9.9%	20.7%	8.2%	9.8%	18.0%
40代	10.2%	9.5%	19.7%	11.0%	8.8%	19.8%	8.3%	10.6%	18.9%
50代	8.5%	8.2%	16.6%	8.7%	8.4%	17.1%	8.3%	10.5%	18.8%
60代	9.4%	9.8%	19.1%	9.5%	10.0%	19.5%	11.4%	11.7%	23.1%
計	51.1%	48.9%	100.0%	51.9%	48.1%	100.0%	45.6%	54.4%	100.0%

表4 性別×調査都県(全体%)

都県	調査都県人口 (N=28,244千人)			標本 (N=4,000)			有効票 (N=1,749)		
	男性	女性	計	男性	女性	計	男性	女性	計
茨城県	3.8%	3.6%	7.4%	0.2%	0.3%	0.5%	0.2%	0.5%	0.7%
埼玉県	9.5%	9.1%	18.6%	10.0%	9.5%	19.5%	9.2%	10.2%	19.4%
千葉県	8.1%	7.8%	16.0%	8.4%	7.2%	15.5%	8.1%	7.8%	15.9%
東京都	17.6%	17.0%	34.6%	21.0%	19.5%	40.5%	17.6%	21.9%	39.5%
神奈川県	12.0%	11.3%	23.4%	12.3%	11.7%	24.0%	10.6%	14.0%	24.6%
計	51.1%	48.9%	100.0%	51.9%	48.1%	100.0%	45.6%	54.4%	100.0%

た市区のうち,茨城県については取手市だけなので,茨城県の標本,有効票の比率が調査都県人口の比率に比べて低いものの,それを考慮すれば,標本や調査協力者(有効票)が地域的に偏っていないことがみてとれる。

4 質問項目

2010年調査で用いた調査票の質問項目は,消費,メディア・コミュニケーション,職業・仕事,社会・生活・政治,基本属性の5つに大別され,それぞれ意識,態度,実態についてたずねている。詳細は巻末の資料に譲るが,このうち,調査の中心は当然ながら,消費(支出,態度,施設利用など)に関する質問項目である。これらは,消費主義,脱物質主義,真物質主義,マクドナルド

化，非場所性，監視，リスクといった社会学の理論や概念を操作的に定義し，測定することを目的としている。

5 研究助成

2010年調査は，以下のとおり，科学研究費補助金の助成を受けて実施されたものである。

研究課題　　　ポスト・グローバル消費社会の動態分析――脱物質主義化を中心として
研究種目　　　2010-2012年度科学研究費補助金（基盤研究（B））
研究課題番号　22330160
研究代表者　　間々田孝夫（立教大学社会学部教授）
交付決定金額
　2010年度　　13,390千円（直接経費10,300千円，間接経費3,090千円）
　2011年度　　 1,300千円（直接経費 1,000千円，間接経費 300千円）
　2012年度　　 2,470千円（直接経費 1,900千円，間接経費 570千円）

注
1) 千葉県市原市，君津市，東京都あきる野市，青梅市，神奈川県綾瀬市，厚木市。

調査票・単純集計

多様化する消費生活に関する調査

【単純集計】

【ご協力のお願い】

　この調査は、暮らしや社会が多様化する中で首都圏在住の人びとがどのように考え、行動しているかを明らかにするものです。

　また、ご回答は統計の形にまとめられますので、個人のお名前が公表されてご迷惑をおかけすることも決してありません。どうぞ安心のうえ、ありのままを率直にお答えくださいますようよろしくお願い申し上げます。

────ご記入にあたってのお願い────

- お答えはご本人（お送りした封筒の宛名の方）がご記入ください。
- ☐で囲まれた部分が回答欄になります。
- 原則として、1つの質問につき、あてはまる番号（1、2、3、…）を1つだけ選んで〇で囲んでください。
- 選択肢が小文字のアルファベット（a、b、c、…）になっている質問は、あてはまるものをいくつでも選んで〇で囲んでください。
- 選択肢で「その他」に〇をした場合は、空欄に具体的な内容をご記入ください。また、選択肢がない質問は、各質問文の説明にあるとおりにお答えください。
- アンケート用紙は全部で12ページあります。ご記入漏れのないようご注意ください。

【調査主体】　立教大学　社会学部　間々田研究室
　　　　　　〒171-8501　東京都豊島区西池袋3-34-1
　　　　　　http://www2.rikkyo.ac.jp/web/mamadalab/socr.htm
　　　　　　研究代表者　間々田孝夫　教授
　　　　　　調査担当者　水原俊博　助教

【調査実施】　社団法人　中央調査社
　　　　　　〒104-0061　東京都中央区銀座6-16-12
　　　　　　http://www.crs.or.jp/

| 調査についての
お問い合わせ先 | 03（3549）3125
0120（48）5351（フリーダイヤル） |

弊社は（財）日本情報処理開発協会の「プライバシーマーク」の認定を受けております。
個人情報保護方針にしたがい、情報の管理を徹底いたします。

＊平均、標準偏差は欠損値を除いた値

Q1 はじめに、あなたの性別と年齢をご記入ください。N=1749　DK, NA=0%

1 男性	2 女性
45.6%	54.4%

| 平均 | 44.5 | 歳 |

標準偏差 15.5

10代	6.7%
20代	14.6%
30代	18.0%
40代	18.9%
50代	18.8%
60代以上	23.1%

ふだんのお金の使い方についてうかがいます。

Q2 あなたが自分のほしいものやしたいことのために自由に使えるお金は、ひと月あたり平均していくらくらいですか。N=1749　DK, NA=0.7%

1　1万円未満 17.7%
2　1万円以上3万円未満 35.1%
3　3万円以上5万円未満 22.8%
4　5万円以上10万円未満 17.0%
5　10万円以上15万円未満 4.2%
6　15万円以上 2.5%

Q3 自由に使えるお金のおもな使い道はなんですか。(いくつでも○) N=1749　DK, NA=0.2%

a　衣料品・アクセサリーなどのファッション関連 55.9%
b　雑貨・家具などのインテリア関連 16.1%
c　化粧品・整髪料・美容室・エステなどの美容関連 44.8%
d　マッサージ・健康食品・サプリメントなどの健康関連商品 19.0%
e　外食・食品・飲料 69.1%
f　書籍・雑誌・マンガ 52.3%
g　テレビゲーム関連（ゲームセンターなども含む）7.3%
h　カラオケ 8.1%
i　CD・DVD・ブルーレイなどの音楽・映像ソフト（レンタルも含む）21.4%
j　携帯電話関連（通信やサービスも含む）20.5%
k　パソコン関連（ソフトウェアやインターネットサービスも含む）11.5%
l　テレビ・ミュージックプレイヤー・デジタルカメラなどのAV・デジタル機器 6.7%
m　自動車・バイク関連 9.5%
n　自分がするスポーツ関連 17.4%
o　パチンコや競馬などのギャンブル関連 9.8%
p　コンサート・美術展・映画・スポーツ観戦など 25.8%
q　お茶や生け花・英会話・料理などの習い事 10.6%
r　旅行関連 20.1%
s　その他 6.2%

具体的に：

Q4 そのうちもっともお金をかけているものはなんですか。Q3のa〜sのうち、該当する項目のアルファベットを<u>ひとつだけ</u>ご記入ください。 1つ記入→
N=1749　DK, NA=1.3%

a 衣料品・アクセサリーなどのファッション関連 17.6%	k パソコン関連（ソフトウェアやインターネットサービスも含む）1.5%
b 雑貨・家具などのインテリア関連 0.8%	l テレビ・ミュージックプレイヤー・デジタルカメラなどのAV・デジタル機器 0.6%
c 化粧品・整髪料・美容室・エステなどの美容関連 7.8%	m 自動車・バイク関連 2.3%
d マッサージ・健康食品・サプリメントなどの健康関連商品 2.2%	n 自分がするスポーツ関連 6.5%
e 外食・食品・飲料 30.3%	o パチンコや競馬などのギャンブル関連 3.4%
f 書籍・雑誌・マンガ 6.5%	p コンサート・美術展・映画・スポーツ観戦など 3.0%
g テレビゲーム関連（ゲームセンターなども含む）1.0%	q お茶や生け花・英会話・料理などの習い事 2.9%
h カラオケ 0.2%	r 旅行関連 5.0%
i CD・DVD・ブルーレイなどの音楽・映像ソフト（レンタルも含む）2.4%	s その他 3.5% 具体的に：
j 携帯電話関連（通信やサービスも含む）1.2%	

Q5 あなたが衣料品・アクセサリーなどのファッション関連に使うお金は、ひと月あたり平均していくらくらいですか。N=1749　DK, NA=0.7%

1　5千円未満 50.5%	4　3万円以上5万円未満 4.3%
2　5千円以上1万円未満 25.1%	5　5万円以上10万円未満 0.9%
3　1万円以上3万円未満 18.3%	6　10万円以上 0.1%

Q6 あなたは、海外高級ブランドの商品（時計・アクセサリー・バッグ・財布・靴など）に関心がありますか。N=1749　DK, NA=0.2%

1　関心がある 11.4%　2　やや関心がある 22.1%　3　あまり関心がない 31.0%　4　関心がない 35.3%

Q7 あなたは、海外高級ブランドの商品全般に対してどのようなイメージをもっていますか。（いくつでも○）N=1749　DK, NA=0.7%

a デザインがいい 27.7%	e 伝統的 18.8%	i 自分には似合わない 25.2%
b 品質がいい 45.7%	f 最先端 3.7%	j その他 8.7% 具体的に：
c 高級感がある 52.1%	g 趣味が悪い 4.6%	
d 個性的 9.8%	h 成金ぽい・バブリー 16.2%	

Q8 もしお金がたくさんあったら、あなたは海外高級ブランドの商品を買いますか。
N=1749　DK, NA=0.7%

1　たくさん買う 7.5%　　2　少し買う 54.7%　　3　買わない 37.0%

ファストフードの利用についてうかがいます。（テイクアウトをのぞく）

Q9 あなたは、ファストフードのハンバーガー店（マクドナルドなど）をどのくらい利用しますか。
N=1749　DK, NA=0.1%

1 週に数回程度 4.5%	3 半年に数回程度 17.6%	5 ほとんど利用しない 27.8%
2 月に数回程度 34.9%	4 年に数回程度 15.0%	→ (Q11へお進みください)

Q10【Q9で「5 ほとんど利用しない」以外の方】
あなたは、どのような時にファストフードのハンバーガー店を利用しますか。（いくつでも○）
N=1260　DK, NA=4.7%

- a 飲食をしたいとき 68.4%
- b おしゃべりをしたいとき 18.1%
- c 時間をつぶしたいとき 30.2%
- d 勉強・仕事・読書などをしたいとき 7.4%
- e 自分（たち）だけの時間を過ごしたいとき 4.8%
- f ひと休みしたいとき 35.3%
- g リラックスしたいとき 3.9%
- h 一人になりたくないとき 0.7%
- i 他人（店員やほかの利用者など）に気をつかいたくないとき 2.9%
- j その他 11.0%
  具体的に：

Q11【すべての方】見知らぬ他人が自分の周囲で以下のような行動をとった場合、あなたはどのように感じますか。ふだん使う電車内とファストフード店内の両方を想定してお答えください。

N=1749　（）内はDK, NA

	電車内				ファストフード店内				
	不快である	やや不快である	あまり不快ではない	不快ではない	不快である	やや不快である	あまり不快ではない	不快ではない	
A 靴をぬぐ (1.1%)	34.4%	35.8%	21.4%	7.3%	29.8%	30.6%	26.1%	11.8%	(1.7%)
B 貧乏ゆすりをする (0.8%)	40.4%	42.0%	13.1%	3.7%	27.5%	37.6%	25.8%	7.4%	(1.6%)
C 化粧をする (0.7%)	44.8%	33.8%	15.8%	4.9%	34.1%	29.8%	24.2%	10.4%	(1.5%)
D じろじろとこちらを見る (0.9%)	71.7%	23.0%	3.2%	1.1%	68.6%	25.3%	3.1%	1.4%	(1.6%)
E カップルが体を寄せ合う (0.9%)	26.2%	36.4%	27.5%	9.0%	21.7%	32.1%	33.1%	11.4%	(1.7%)
F 子供が騒ぐ (0.9%)	31.1%	42.9%	19.8%	5.3%	27.0%	38.5%	25.0%	7.9%	(1.5%)

新聞やテレビなどの利用についてうかがいます。

Q12 あなたは、1日あたり平均してどのくらい日刊の一般新聞（朝日・読売・毎日・産経・日経・東京など）を読みますか。スポーツ新聞・夕刊紙・業界紙・専門紙・宗教紙など機関紙は除きます。
N=1749　DK, NA=0.7%

1 15分未満 30.1%	3 30分以上 21.7%
2 15分以上30分未満 25.0%	4 日刊新聞は読まない 22.5%

Q13 あなたは、ふだん1日にどのくらいの時間、（仕事や学校での利用以外で）テレビとインターネットを利用しますか。平日と休日のそれぞれについて、もっとも近い番号を下の欄にご記入ください。

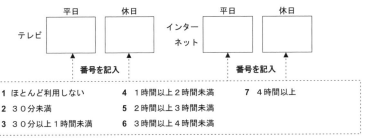

```
1 ほとんど利用しない        4 1時間以上2時間未満      7 4時間以上
2 30分未満                5 2時間以上3時間未満
3 30分以上1時間未満        6 3時間以上4時間未満
```

【テレビ利用】 N=1749 平日 DK, NA=0.6%, 休日 DK, NA=0.9%

		平日	休日
1	ほとんど利用しない	5.6%	3.7%
2	30分未満	4.9%	2.6%
3	30分以上1時間未満	14.0%	5.3%
4	1時間以上2時間未満	27.4%	17.7%
5	2時間以上3時間未満	22.2%	25.8%
6	3時間以上4時間未満	12.9%	20.3%
7	4時間以上	12.5%	23.8%

【ネット利用】 N=1749 平日 DK, NA=4.3%, 休日 DK, NA=4.5%

		平日	休日
1	ほとんど利用しない	34.9%	31.7%
2	30分未満	16.2%	13.4%
3	30分以上1時間未満	17.8%	16.8%
4	1時間以上2時間未満	14.1%	15.2%
5	2時間以上3時間未満	5.9%	9.8%
6	3時間以上4時間未満	2.3%	3.9%
7	4時間以上	4.5%	4.9%

Q14 あなたは、インターネットを利用して次のことを行なっていますか。ただし、メールは除きます。
　　（いくつでも○）N=1749 DK, NA=10.6%

- a 情報検索・ホームページの閲覧 78.1%
- b インターネットショッピング 35.3%
- c ホームページ（ブログを含む）の作成 7.3%
- d 画像や音楽・動画のダウンロード 19.8%
- e 掲示板への書き込み 3.9%
- f SNS（mixiやモバゲーなどのソーシャルネットワーキングサービス）への参加 13.6%
- g その他 11.3%
  具体的に：

Q15 あなたが電気製品を買おうと考えているとします。あなたが買いたい商品を決める際に、次の情報はどのくらい信用できると思いますか。

N=1749
（ ）内は DK, NA

	信用できる	やや信用できる	あまり信用できない	信用できない
A 雑誌の記事（1.7%）	8.6%	61.9%	24.9%	3.0%
B 販売店員の説明（0.7%）	29.0%	60.5%	8.3%	1.4%
C 広告やテレビコマーシャル（1.5%）	5.8%	50.5%	37.7%	4.5%
D インターネット上の専門家の評価（5.3%）	11.1%	55.1%	24.2%	4.2%
E インターネット上の一般の（専門家ではない）人の評価（5.1%）	12.5%	43.9%	30.6%	8.0%
F 専門家ではない友人や知人・家族の評価（1.2%）	23.2%	55.6%	17.3%	2.7%

仕事についてうかがいます。

Q16 あなたのお仕事は、大きくわけて次の中のどれにあたりますか。N=1749　DK, NA=1.4%

1 専業主婦・主夫（パートや内職・家族従業をしていない方）15.4%　→（次ページ Q22 へ）
2 学生（アルバイトをしている方を含む）9.4%　→（次ページ Q22 へ）
3 無職（専業主婦・主夫や学生以外の方）5.5%　→（次ページ Q22 へ）
4 臨時雇用・パート・アルバイト 15.0%
5 派遣社員・契約社員・請負業務・委託業務 5.4%
6 正規雇用されている一般社員・一般職員（公務員・教員を含む）35.7%
7 自営業主または家族従業者 8.3%
8 経営者・会社役員・団体役員 2.9%
9 その他 0.9%
　具体的に：

Q17 【Q16 で「1 専業主婦・主夫」「2 学生」「3 無職」以外の方】
あなたのご職業は、大きくわけて次の中のどれにあたりますか。（複数の職業を兼業している方は、最も収入の多い職業をひとつ選んでください。）N=1219　DK, NA=3.4%

1 事務的職業（総務・営業・人事・経理などの事務一般）22.9%
2 専門・技術的職業（医師・看護師・弁護士・教師・保育士・税理士・技術者など）21.6%
3 管理的職業（企業・官公庁における課長職以上・議員や経営者を含む）7.2%
4 販売的職業（小売業・卸し・不動産仲介・保険外交・旅行ガイドなども含む）13.0%
5 サービス的職業（理容師・美容師・調理師など）9.8%
6 保安的職業（警察官・自衛官・消防署員・警備員など）2.0%
7 技能工・生産工程に関わる職業（工具・建設作業員・大工・自動車整備など）9.1%
8 運輸・通信的職業（運転手・郵便配達・通信士など）4.4%
9 農林的職業（漁業を含む。ただし、農水産物加工は含まない）1.0%
10 その他 5.5%
　具体的に：

Q18 【Q16で「1 専業主婦・主夫」「2 学生」「3 無職」以外の方】
あなたのお仕事の業務内容について、次の項目がどのくらいあてはまるかお答えください。

N=1219 ()内はDK, NA

	あてはまる	ややあてはまる	あまりあてはまらない	あてはまらない
A いつも決まった作業が多い（3.8%）	36.8%	37.8%	17.0%	4.7%
B 消費者と直接接することが多い（4.8%）	29.8%	14.0%	15.5%	35.9%
C 情報やデータを分析することが多い（4.8%）	16.7%	27.2%	24.7%	26.7%
D 新しいアイディアを生み出すことが多い（4.6%）	11.3%	24.0%	29.9%	30.3%

Q19 【Q16で「1 専業主婦・主夫」「2 学生」「3 無職」以外の方】
ふだん、あなたは週何日仕事をしていますか。また、1日あたり平均して何時間働いていますか。
残業時間を含めてお答えください。N=1219 週 DK, NA=3.3%, 一日あたり DK, NA=3.2%

週 平均4.9 標準偏差1.0

日
1日未満 0.2%
1日以上2日未満 0.9%
2日以上3日未満 2.1%
3日以上4日未満 5.8%
4日以上5日未満 7.2%
5日以上6日未満 62.8%
6日以上 17.7%

1日あたり 平均 8.4 標準偏差 2.7

時間
4時間未満 3.3%
4時間以上8時間未満 24.9%
8時間以上12時間未満 59.0%
12時間以上16時間未満 8.2%
16時間以上 1.4%

Q20 【Q16で「1 専業主婦・主夫」「2 学生」「3 無職」以外の方】
あなたはふだん、仕事と私生活のどちらが中心になっていますか。N=1219 DK, NA=2.8%

1 仕事中心 38.3%　　2 仕事と私生活の両方 50.0%　　3 私生活中心 8.9%

Q21 【Q16で「1 専業主婦・主夫」「2 学生」「3 無職」以外の方】
残業について、あなたはどう思いますか。N=1219 DK, NA=3.2%

1 手当がなくても仕事だからやる 42.1%　　2 手当がもらえるならやってもよい 41.6%　　3 手当がもらえてもやりたくない 13.1%

Q22 【すべての方】あなたは、人とくらべてどのくらい熱心に働きたいと思いますか。
N=1749 DK, NA=1.7%

1 人並み以上に働きたい 24.3%　　2 人並みで十分 66.5%　　3 人並み以下に抑えたい 7.5%

Q23 次の仕事に関する考え方のうち、あなたもそう思うものをお選びください。（いくつでも○）
N=1749 DK, NA=1.9%

a つまらない仕事でも真面目に取り組むべきだ 56.9%
b 仕事はあくまでお金を稼ぐための手段だ 35.1%
c 収入が低くても自分のやりたい仕事がしたい 34.2%
d たくさん働いて出世したい 8.7%
e 仕事を通じて技術や実務を身につけたい 50.6%
f 人や社会に貢献できる仕事がしたい 47.7%
g a〜fにあてはまるものはない 2.5%

社会や生活一般についてうかがいます。

Q24 次に示された考え方や行動が、あなたにどのくらいあてはまるかお答えください。

N=1749 （）内は DK, NA

	あてはまる	やや あてはまる	あまり あてはまらない	あてはまらない
A 多少貯蓄を減らしても、現在の生活を充実させている（0.3%）	17.3%	44.8%	27.5%	10.1%
B 仕事（勉強）よりも余暇に生きがいを感じる（0.8%）	19.8%	38.6%	33.0%	7.8%
C ものごとを理屈っぽく考えず、見た目や感覚で判断する（0.5%）	15.7%	44.8%	30.8%	8.2%
D 物の豊かさより心の豊かさやゆとりのある生活を重視している（0.6%）	25.3%	57.2%	15.0%	1.8%
E したいことやほしい物をがまんせずにどんどん追求する（0.5%）	8.3%	27.6%	47.0%	16.6%
F 人とは一味違う個性的な生活を送りたい（0.4%）	10.2%	26.2%	46.0%	17.1%
G 何かをするとき、それをすると他人がどう思うかということを考える（0.4%）	17.7%	42.9%	28.2%	10.9%
H 伝統や慣習にとらわれずに自分の行動を決めている（0.7%）	12.8%	40.0%	39.0%	7.5%

Q25 あなたは、政治に関心がありますか。それとも、ありませんか。N=1749　DK, NA=1.0%

1 関心がある 24.1%　2 やや関心がある 45.2%　3 あまり関心がない 24.0%　4 関心がない 5.7%

Q26 あなたは、先の参議院選挙で投票しましたか。N=1749　DK, NA=0.2%

1 はい 72.2%　2 いいえ 21.2%　3 選挙権がなかった 6.5%

Q27 次に示された政治問題について、あなたは関心がありますか。（いくつでも○）N=1749　DK, NA=0.1%

a 憲法改正 24.8%	e 失業・貧困 63.0%	i 子育て支援 45.6%
b 外交・防衛 44.2%	f 地球環境の保護 52.7%	j a～iにあてはまるものはない 2.2%
c 死刑制度の賛否 20.4%	g 消費者の保護 39.1%	
d 財政再建 57.3%	h 高齢者の福祉 62.5%	

Q28 次に示された考え方や行動について、あなたはどう思いますか。

N=1749 ()内はDK, NA

	そう思う	やや そう思う	あまり そう思わない	そう思わない
A 政治には、できればかかわりたくない（0.2%）	10.1%	29.8%	41.3%	18.5%
B 公共の利益のためには、個人の生活が多少犠牲になることがあっても、しかたがない（0.6%）	6.7%	36.0%	38.5%	18.2%
C 社会をよくすることについて、政治には期待できない（0.2%）	25.6%	45.7%	21.9%	6.6%
D 一般的にいって、他人は信頼できる（0.3%）	2.7%	32.9%	49.6%	14.6%
E 弱い立場にある人を社会でもっと支えていくべきだ（0.3%）	32.5%	52.0%	13.0%	2.2%
F 権威のある人々には常に敬意を払わなければならない（0.3%）	3.1%	14.1%	50.3%	32.1%
G 何をすべきかを決めるのがむずかしいときには、指導者や専門家の意見にしたがうのがよい（0.7%）	8.2%	43.6%	37.6%	9.9%
H 他人に合わせていれば、望ましくない結果は避けられる（0.4%）	1.0%	11.8%	48.4%	38.4%

Q29 あなたは、ふだんの生活の中で次の事柄に不安を感じていますか。

N=1749 ()内はDK, NA

	感じる	やや 感じる	あまり 感じない	感じない
A 自分や家族の収入が減ること（0.2%）	48.8%	34.8%	13.0%	3.3%
B 自宅に空き巣が入ること（0.3%）	28.5%	28.1%	32.7%	10.3%
C 個人情報が悪用されること（0.1%）	42.3%	37.9%	16.1%	3.6%
D 健康をそこなうこと（0.1%）	57.3%	32.1%	8.6%	1.8%
E 遺伝子組み換え食品が身体に影響を与えること（0.1%）	22.2%	35.3%	30.8%	11.7%
F 野菜に含まれる残留農薬が身体に影響を与えること（0.1%）	31.4%	36.6%	24.0%	7.9%
G 保存料や着色料などの添加物を含む食品が身体に影響を与えること（0.1%）	31.3%	38.0%	22.7%	7.8%

Q30 あなたは、次にあげる都市空間でのふるまいやおこないについて、不快に感じますか。

N=1749 ()内はDK, NA

	感じる	やや感じる	あまり感じない	感じない
A 公道でのスケートボード（0.6%）	47.9%	30.4%	16.9%	4.2%
B コンビニ前の居座り（0.6%）	61.1%	29.9%	6.6%	1.7%
C 公園での野宿（0.6%）	48.1%	33.7%	14.2%	3.3%

消費生活についてうかがいます。

Q31 あなたは、ふだんの買い物で次のことに配慮していますか。あてはまるものをお選びください。（いくつでも〇）N=1749　DK, NA=0.8%

- a レジ袋ではなくマイバッグを使う 47.1%
- b 必要なものを必要な量だけ買う 60.8%
- c 地元産、旬のものを選ぶ 40.9%
- d 包装が簡素な商品を選ぶ 18.7%
- e 再生紙などのリサイクル商品を選ぶ 15.5%
- f シャンプーや洗剤などは詰め替え用の商品を選ぶ 78.3%
- g 長く使えるものを選ぶ 59.2%
- h 家電製品などは、省エネルギー型のものを選ぶ 55.8%
- i エコマークなどの環境ラベルがついた商品を選ぶ 22.2%
- j 環境配慮に取り組んでいる店舗や企業の商品を選ぶ 11.7%
- k リサイクルショップやフリーマーケットを利用する 15.0%
- l フェアトレードの（発展途上国の人々に配慮した）商品を選ぶ 6.9%
- m その他 2.8%
  　具体的に：

Q32 次に示された事柄や行動が、あなたにどのくらいあてはまるかお答えください。

N=1749　()内はDK, NA

	あてはまる	ややあてはまる	あまりあてはまらない	あてはまらない
A 健康状態がよい（0.5%）	32.7%	47.3%	16.2%	3.3%
B 自宅の防犯のためにお金をかけている（0.5%）	2.6%	18.2%	44.2%	34.4%
C ボランティア活動に参加している（0.7%）	5.9%	11.3%	23.2%	58.9%
D 大地震などの災害が生じた際には募金などの援助活動を行うようにしている（0.7%）	8.7%	28.5%	35.8%	26.2%
E 遺伝子組み換え食品を避けるようにしている（0.8%）	23.6%	26.9%	29.0%	19.8%
F 有機栽培や無農薬栽培の野菜を食べるようにしている（0.6%）	13.9%	35.2%	32.8%	17.5%
G 保存料や着色料などの添加物が含まれる食品を避けるようにしている（0.6%）	19.6%	37.6%	27.7%	14.6%
H 都会よりも自然の多い場所が好きである（0.5%）	37.3%	37.7%	19.0%	5.4%

149

Q33 次に示された買い物についての考え方や行動が、あなたにどのくらいあてはまるかお答えください。

N=1749 ()内はDK, NA

	あてはまる	やや あてはまる	あまり あてはまらない	あてはまらない
A 基本的に、ショッピングが好きだ（0.7%）	36.2%	32.2%	23.2%	7.7%
B ほしいものがあれば、遠いところでも買いに行く（0.7%）	18.0%	30.8%	32.8%	17.8%
C いろいろなお店を見てまわるのが好きだ（0.6%）	30.3%	31.7%	24.1%	13.3%
D 周囲の人とは少し違った個性的なものを選ぶ（0.6%）	13.4%	33.5%	40.4%	12.1%
E 流行や話題になっている商品を選ぶ（0.7%）	4.5%	28.4%	44.2%	22.3%
F 周囲の人が持っている商品を持っていないと気になる（0.6%）	1.5%	7.4%	35.3%	55.2%
G おしゃれにお金をかけるようにしている（0.6%）	4.7%	21.2%	40.7%	32.8%
H 少し値段が高くても、品質のよい商品を選ぶ（0.6%）	20.4%	49.2%	24.2%	5.7%
I 少し値段が高くても、有名なブランドやメーカーの商品を選ぶ（0.7%）	6.8%	21.6%	34.6%	36.4%
J 新しい商品が出るとほしくなる（0.7%）	6.7%	21.6%	34.6%	36.4%
K 広告を見ると、その商品がほしくなる（0.7%）	4.1%	21.3%	37.9%	36.0%
L 自分が買ってよかったと思う商品を周囲の人にすすめる（0.6%）	12.8%	34.6%	31.1%	20.9%
M 自分のライフスタイルや趣味にあったものを選ぶ（0.6%）	43.5%	46.6%	7.4%	1.9%
N 性能よりもデザイン（色や形）を重視して商品（車・携帯電話・パソコンなど）を選ぶ（0.7%）	6.7%	24.5%	44.4%	23.6%
O インテリアや服装のコーディネート（組み合わせ）を考えて商品を選ぶ（0.6%）	24.1%	42.7%	21.2%	11.4%
P 事前にいろいろと情報収集してから商品を買う（0.6%）	21.7%	39.3%	28.1%	10.2%
Q できるだけセール価格で商品を買う（0.6%）	27.4%	44.4%	22.0%	5.6%
R 買い物は素早く済ませる（0.7%）	21.8%	35.5%	32.6%	9.4%
S 街での買い物よりもインターネットショッピングを好む（0.6%）	2.7%	10.6%	31.8%	54.2%
T コストパフォーマンス（値段と満足度とのバランス）をよく検討して商品を選ぶ（0.9%）	26.7%	42.7%	20.8%	9.0%
U 満足できない商品については、クレームや意見を述べる（0.9%）	6.7%	18.5%	39.8%	34.1%
V 満足できない商品は返品する（0.7%）	9.7%	19.6%	36.9%	33.0%
W 自分は消費しすぎている（0.6%）	9.4%	25.2%	41.3%	23.6%

Q34 次に示された買い物や娯楽の施設などについて、あなたはどのくらい利用しますか。

N=1749 （）内は DK, NA

	よく利用する	まあまあ利用する	あまり利用しない	ほとんど利用しない
A 複合商業施設（六本木ヒルズや丸ビル・東京ミッドタウンなど）（0.3%）	3.3%	13.3%	26.1%	57.0%
B テーマパーク（東京ディズニーランドなど）（0.5%）	2.0%	19.2%	32.7%	45.6%
C アウトレットモール（1.0%）	5.7%	23.2%	32.2%	37.9%
D 個人経営の中小商店が集まった商店街やアーケード（0.6%）	9.6%	30.0%	36.5%	23.3%
E 大型ショッピングセンター（イオンやジャスコなど）（0.4%）	33.0%	41.1%	16.6%	8.9%

Q35 あなたは、六本木ヒルズや丸ビル、東京ミッドタウンなどの複合商業施設についてどのような点で評価しますか。次の中からあなたの印象に近いものをお選びください。（いくつでも○）N=1749　DK, NA=2.1%

a 治安がよい 10.6%	e オシャレ 58.4%	i 未来都市的である 21.9%
b 管理が行き届いている 23.9%	f 高級感がある 47.5%	j その他 9.4%
c 商品の種類が豊富 32.8%	g 景観がよい 27.5%	具体的に
d 長時間いても飽きない 22.2%	h 交通の便がよい 24.9%	

Q36 一般的にいって、買い物で失敗しないためには、どのような商品を選ぶべきだと思いますか。（いくつでも○）N=1749　DK, NA=1.0%

a 値段の高い商品 5.5%	d 世間の評価や評判が高い商品 55.6%
b 有名なメーカーやブランドの商品 24.1%	e a〜dにあてはまるものはない 30.5%
c 知人が持っている商品 8.6%	

Q37 あなたは、次のような考え方や行動が、消費者一般にとってどのくらい重要だと思いますか。

N=1749 （）内は DK, NA

	重要だ	やや重要だ	あまり重要でない	重要でない
A 流行に左右されず、自分の価値観で商品を選ぶこと（0.3%）	56.1%	40.1%	3.1%	0.5%
B 見た目より品質を重視して商品を選ぶこと（0.3%）	34.6%	56.8%	7.4%	0.8%
C 無駄な物を買わないこと（0.3%）	67.9%	27.4%	3.5%	0.9%
D 環境に配慮している商品を選ぶこと（0.6%）	28.2%	58.8%	10.5%	1.9%
E フェアトレード商品（発展途上国の人々に配慮した商品）を選ぶこと（0.9%）	9.4%	49.5%	33.6%	6.7%
F 修理ができるものは、修理をして使い続けること（0.6%）	37.7%	48.5%	11.3%	1.8%
G まわりの人に迷惑がかかる商品の使い方をしないこと（騒音・悪臭・有害な排出物など）（0.3%）	81.2%	16.8%	1.3%	0.3%

Q38 次に示された消費についての考え方や態度のうち、あなたもそう思うものをお選びください。（いくつでも○）N=1749　DK, NA=0.8%

- a 部屋にものがあふれていると不快だ 62.1%
- b 家の中に、使わないままのものがあるともったいない 63.0%
- c 消費が多すぎると自然環境に悪影響を与える 35.1%
- d 現代人は消費をしすぎている 55.3%
- e 市販されているものを買わないで、なるべく自分で作りたい 10.3%
- f a～eにあてはまるものはない 4.8%

最後に、あなたご自身についてうかがいます。

Q39 現在、あなたが同居しておられる方は何人いらっしゃいますか。あなたを含めてお答えください。
N=1749　DK, NA=0.5%

あなたを含めて　平均 3.2 人　標準偏差 1.4

- 1人　11.3%
- 2人　22.2%
- 3人　27.4%
- 4～5人　33.4%
- 6人以上　5.3%

Q40 あなたは、結婚しておられますか。N=1749　DK, NA=0.5%

| 1 未婚 30.4% | 2 既婚 63.4% | 3 離別・死別 5.8% |

Q41 あなたのお子様は何人いらっしゃいますか。N=1749　DK, NA=0.7%

| 1 いない 39.2% | 2 1人 15.5% | 3 2人 33.3% | 4 3人以上 11.3% |

Q42 あなたは、ご両親（義理の父母も含む）と同居しておられますか。N=1749　DK, NA=0.8%

| 1 父母両方と同居 19.3% | 2 父母どちらかと同居 10.2% | 3 同居していない 69.6% |

Q43 あなたのお住まいは、次の中のどれにあたりますか。N=1749　DK, NA=0.4%

- 1 持ち家・一戸建て 52.3%
- 2 持ち家・集合住宅 20.6%
- 3 賃貸・一戸建て（社員寮・社宅などを含む）4.2%
- 4 賃貸・集合住宅（社員寮・社宅などを含む）22.0%
- 5 その他 0.6%
  具体的に：

Q44 あなたには、ふだん気軽につきあっている友人は何人くらいいらっしゃいますか。以下のそれぞれについてお答えください。いない場合は「0」人とご記入ください。

３０分未満で会える人　平均 3.1 人　標準偏差 5.0

- 0人　29.4%
- 1人　13.0%
- 2人　14.8%
- 3人　11.0%
- 4人以上　27.6%
- N=1749　DK, NA=4.2%

１時間以上２時間未満で会える人　平均 3.2 人　標準偏差 4.7

- 0人　24.1%
- 1人　13.3%
- 2人　16.9%
- 3人　11.8%
- 4人以上　26.8%
- N=1749　DK, NA=7.2%

３０分以上１時間未満で会える人　平均 2.8 人　標準偏差 4.0

- 0人　28.2%
- 1人　15.0%
- 2人　15.9%
- 3人　10.3%
- 4人以上　22.3%
- N=1749　DK, NA=8.3%

２時間以上で会える人　平均 3.2 人　標準偏差 6.0

- 0人　32.6%
- 1人　12.9%
- 2人　12.3%
- 3人　9.1%
- 4人以上　24.2%
- N=1749　DK, NA=8.8%

Q45 あなたが最後にいらっしゃった学校（中退も含む）は、次の中のどれにあたりますか。現在学生の方は、在籍中の学校についてお答えください。N=1749　DK, NA=0.7%

1 中学校 5.1%
2 高校 31.6%
3 専門学校（高校卒業後）13.8%
4 短大・高専 11.9%
5 大学 32.9%
6 大学院 3.4%
7 その他 0.6%
　具体的に：

Q46 あなたは個人で、現在、いくらくらいの金融資産（現金・預貯金・株・有価証券など、<u>不動産は含まない</u>）をもっていますか。N=1749　DK, NA=1.6%

1 ２００万円未満（なしも含む）49.5%
2 ２００万円以上５００万円未満 18.4%
3 ５００万円以上１０００万円未満 13.5%
4 １０００万円以上２０００万円未満 8.4%
5 ２０００万円以上５０００万円未満 6.6%
6 ５０００万円以上１億円未満 1.9%
7 １億円以上 0.2%

Q47 昨年1年間（2009年1～12月）の収入は、税・社会保険料込みで次の中のどれに近いですか（臨時収入・副収入・年金収入を含む）。あなたご自身の収入と、同居されているご家族全体の収入について、それぞれあてはまる番号をご記入ください。
N=1749　個人 DK, NA=1.8%、世帯 DK, NA=7.1%

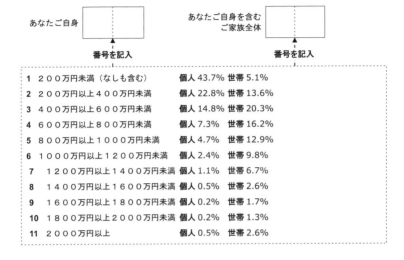

1	２００万円未満（なしも含む）	個人 43.7%	世帯 5.1%
2	２００万円以上４００万円未満	個人 22.8%	世帯 13.6%
3	４００万円以上６００万円未満	個人 14.8%	世帯 20.3%
4	６００万円以上８００万円未満	個人 7.3%	世帯 16.2%
5	８００万円以上１０００万円未満	個人 4.7%	世帯 12.9%
6	１０００万円以上１２００万円未満	個人 2.4%	世帯 9.8%
7	１２００万円以上１４００万円未満	個人 1.1%	世帯 6.7%
8	１４００万円以上１６００万円未満	個人 0.5%	世帯 2.6%
9	１６００万円以上１８００万円未満	個人 0.2%	世帯 1.7%
10	１８００万円以上２０００万円未満	個人 0.2%	世帯 1.3%
11	２０００万円以上	個人 0.5%	世帯 2.6%

―― 長い間ご協力ありがとうございました ――

【記入確認のお願い】
　大変恐縮ですが、はじめに戻ってご記入漏れや書き間違いがないかどうか、ご確認くださいますようお願い申し上げます。ご確認が終わりましたら、同封の返信用封筒にてアンケート用紙をご返送ください。

あなた様のご協力に一同心から感謝申し上げます。

文　献

Arendt, H., 1958, *The Human Condition*, University of Chicago Press.（＝1994, 志水速雄訳『人間の条件』筑摩書房。）

Baudrillard, J., 1970, *La société de consommation: Ses mythes, ses structure*, Gallimard.（＝1979, 今村仁司・塚原史訳『消費社会の神話と構造』紀伊国屋書店。）

Bauman, Z., 2000, *Liquid Modernity*, Polity.（＝2001, 森田典正訳『リキッド・モダニティ――液状化する社会』大月書店。）

Beck, U., 1986, *Risikogesellschaft auf dem Weg in eine andere Moderne*, Suhrkamp.（＝1998, 東廉・伊藤美登里訳『危険社会――新しい近代への道』法政大学出版局。）

―――, A. Giddens and S. Lash, 1994, *Reflexive Modernization: Politics, Tradition and Aesthetics in the Modern Social Order*, Polity.（＝1997, 松尾精文・小幡正敏・叶堂隆三訳『再帰的近代化――近現代における政治, 伝統, 美的原理』而立書房。）

Bell, D., 1976, *The Cultural Contradictions of Capitalism*, Basic Books.（＝1976, 林雄二郎訳『資本主義の文化的矛盾』上・中・下, 講談社。）

Bourdieu, P., 1979, *La distinction: Critique sociale du judgement*, Minuit.（＝1989, 90, 石井洋二郎訳『ディスタンクシオン――社会的判断力批判』Ⅰ・Ⅱ, 藤原書店。）

―――et J.-C. Passeron, 1970, *La reproduction: Eléments pour ume théorie du système d'enseignement*, Minuit.（＝1991, 宮島喬訳『再生産――教育・社会・文化』藤原書店。）

チョコレボ実行委員会, 2009, 『フェアトレード認知・市場ポテンシャル調査報告書』チョコレボ実行委員会。

DFID, 2009, *Eliminating World Poverty: Building our Common Future*, DFID.

Douglas, M., [1966] 2002, *Purity and Danger: An Analysis of Concepts of Pollution and Taboo*, Routledge.（＝[1972] 2009, 塚本利明訳『汚穢と禁忌』筑摩書房。）

―――, 1985, *Risk Acceptability According to the Social Sciences*, Russell Sage Foundation.

――― and A. Wildavsky, [1982] 1983, *Risk and Culture: An Essay on the Selection of Technological and Environmental Dangers*, University of California Press.

Durkheim, É., 1893, *De la division du travail social*, Presses Universitaires de France. (＝1989, 井伊玄太郎訳『社会分業論』上・下, 講談社。)

Elkington, J. and J. Hailes, 1988, *The Green Consumer Guide: From Shampoo to Champagne: High-street Shopping for a Better Environment*, Gollancz.

柄本三代子, 2002, 『健康の語られ方』青弓社。

―――, 2010, 『リスクと日常生活』学文社。

Erikson, R. and J. H. Goldthorpe, 1992, *The Constant Flux: A Staudy of Class Mobility in Industrial Societies*, Clarendon.

―――, J. H. Goldthorpe and L. Portocarrero, 1979, "Intergenerational Class Mobility in Three Western European Societies: England, France and Sweden," *British Jourbal of Sociology*, 30: 415-441.

Fischer, C. S., 1975, "Toward a Subcultural Theory of Urbanism," *American Journal of Sociology*, 80(6): 1319-1341. (＝1983, 奥田道大・広田康生訳「アーバニズムの下位文化理論に向けて」『都市の理論のために』多賀出版, 50-94。)

―――, 1982, *To Dwell Among Friends: Personal Networks in Town and City*, University of Chicago Press. (＝2002, 松本康・前田尚子訳『友人のあいだで暮らす――北カリフォルニアのパーソナル・ネットワーク』未來社。)

―――, 1984, *The Urban Experience*, Harcourt Brace & Jovanovich. (＝1996, 松本康・前田尚子訳『都市的体験――都市生活の社会心理学』未來社。)

Florida, R., 2002, *The Rise of the Creative Class: And How It's Transforming Work, Leisure, Community, and Everyday Life*, Basic Books. (＝2008, 井口典夫訳『クリエイティブ資本論――新たな経済階級の台頭』ダイヤモンド社。)

―――, 2005, *The Flight of the Creative Class: The New Global Competition for Talent*, Harper Business, Harper Collins. (＝2007, 井口典夫訳『クリエイティブ・クラスの世紀――新時代の国, 都市, 人材の条件』ダイヤモンド社。)

Freud, S., 2001, "Inhibitions, Symptoms and Anxiety," *The Standard Edition of the Complete Psychological Works of Sigmund Freud*, Vol. 20, Hogarth, 87-154. (＝2010, 大宮勘一郎・加藤敏訳「制止, 症状, 不安」新宮一成ほか編

『フロイト全集 19——1925-28年 否定 制止, 症状, 不安 素人分析の問題』岩波書店, 9-101。)

藤岡真之, 2007, 「健康情報に関するメディア利用と健康意識, 健康行動」『弘前学院大学社会福祉学部研究紀要』7: 30-41。

Gabriel, Y., and T. Lang, [1995] 2006, *The Unmanageable Consumer*, 2nd ed., Sage.

Galbraith, J. K., [1958] 1998, *The Affluent Society*, new ed, Houghton Mifflin. (= 2006, 鈴木哲太郎訳『ゆたかな社会 決定版』岩波書店。)

Gans, H. J., 1962, *The Urban Villagers: Group and Class in the Life of Italian-Americans*, Free Press, Collier Macmillan. (= 2006, 松本康訳『都市の村人たち——イタリア系アメリカ人の階級文化と都市再開発』ハーベスト社。)

Giddens, A., 1991, *Modernity and Self-Identity: Self and Society in the Late Modern Age*, Polity. (= 2005, 秋吉美都・安藤太郎・筒井淳也訳『モダニティと自己アイデンティティ——後期近代における自己と社会』ハーベスト社。)

Goldstein, K., 1939, *The Organism: A Holistic Approach to Biology Derived from Pathological Data in Man*, American Book. (= 1970, 村上仁・黒丸正四郎訳『生体の機能——心理学と生理学の間』みすず書房。)

グリーンコンシューマー全国ネットワーク, 1999, 『グリーンコンシューマーになる買い物ガイド——環境と健康にいい品, いい店教えます』小学館。

Hailes, J., 2007, *The New Green Consumer Guide*, Simon & Schuster.

原純輔・盛山和夫, 1999, 『社会階層——豊かさの中の不平等』東京大学出版会。

畑山要介, 2011, 「フェアトレードは商業化されているか？——商業性と運動性の関係の変容を通して」『年報社会学論集』24: 192-203。

Heidegger, M., [1927] 1977, *Sein und Zeit*, Max Niemeyer. (= 1994, 細谷貞雄訳『存在と時間』上・下, 筑摩書房。)

廣瀬毅士, 2013, 「階層消費」伊藤陽一・浅野智彦・赤堀三郎・浜日出夫・高田義久・粟谷佳司編『グローバル・コミュニケーション』ミネルヴァ書房。

Horney, K., 1939, *New Ways in Psychoanalysis*, W. W. Norton. (= 1952, 井村恒郎・加藤浩一訳『精神分析の新しい道』日本教文社。)

池田光穂・佐藤純一, 1995, 「健康ブーム」黒田浩一郎編『現代医療の社会学——日本の現状と課題』世界思想社, 263-278。

今田高俊, 1989, 『社会階層と政治』東京大学出版会。

————, 2000, 「ポストモダン時代の社会階層」今田高俊編『日本の階層システ

ム5 社会階層のポストモダン』東京大学出版会。

Inglehart, R. and C. Welzel, 2005, *Modernization, Cultural Change, and Democracy: The Human Development Sequence*, Cambridge University Press.

Jackson, T., 2008, "The Challenge of Sustainable Lifestyles," L. Starke ed., *State of the World 2008: Innovations for Sustainable Economy*, W. W. Norton, 45-60.

Jubas, K., 2007, "Conceptual Con/Fusion in Democratic Societies," *Journal of Consumer Culture*, 7(2): 231-254.

鹿野政直, 2001, 『健康観にみる近代』朝日新聞社。

鹿又伸夫, 1986, 「社会階層とライフスタイル」金子勇・松本洸編『クオリティ・オブ・ライフ――現代社会を知る』福村出版, 116-137。

経済企画庁編, 1990, 『平成2年版 国民生活白書』大蔵省印刷局。

Kierkegaard, S., 1923, *Der Begriff Angst*, Eugen Diederichs. (=1979, 田渕義三郎訳「不安の概念」桝田啓三郎編『世界の名著51 キルケゴール』中央公論社, 197-368。)

Knight, F. H., [1921] 2005, *Risk, Uncertainty and Profit*, Cosimo. (=1959, 奥隅栄喜訳『危険・不確実性および利潤（現代経済学名著選集Ⅵ）』文雅堂書店。)

小松丈晃, 2003, 『リスク論のルーマン』勁草書房。

Luhmann, N., 1973, *Vertrauen: Ein Mechanismus der Reduktion Sozialer Komplexität*, 2. Aufl., Ferdinand Enke. (=1990, 大庭健・正村俊之訳『信頼――社会的な複雑性の縮減メカニズム』勁草書房。)

――――, 1988, *Die Wirtschaft der Gesellschaft*, Suhrkamp. (=1991, 春日淳一訳『社会の経済』文眞堂。)

――――, 1991, *Soziologie des Risikos*, Walter de Gruyter. (=[1993] 2002, R. Barrett, trans., *Risk: A Sociological Theory*, Transaction Publishers.)

Lupton, D., [1999] 2013, *Risk*, 2nd ed., Routledge.

間々田孝夫, 2000, 『消費社会論』有斐閣。

――――, 2005, 『消費社会のゆくえ――記号消費と脱物質主義』有斐閣。

――――, 2007, 『第三の消費文化論――モダンでもポストモダンでもなく』ミネルヴァ書房。

――――, 2011, 「『第三の消費文化』の概念とその意義」『応用社会学研究』53: 21-33。

――――・遠藤智世, 2014, 「『真物質主義』の担い手は誰か」『応用社会学研究』

56: 47-61。

真野俊樹, 2005,『健康マーケティング』日本評論社。

Mansvelt, J., 2011, *Green Consumerism: An A-to-Z Guide*, Sage.

松本康, 1985,「現代日本の社会変動とライフスタイルの展開——生活システム論の視点」『思想』730: 278-300。

―――, 1986,「現代社会とライフスタイル」金子勇・松本洸編『クオリティ・オブ・ライフ——現代社会を知る』福村出版, 189-210。

―――, 1992,「都市はなにを生み出すか——アーバニズム理論の革新」森岡清志・松本康編『都市社会学のフロンティア2 生活・関係・文化』日本評論社, 33-68。

―――編, 2004,『東京で暮らす——都市社会構造と社会意識』東京都立大学出版会。

McCracken, G., 1988, *Culture and Consumption: New Approaches to the Symbolic Character of Consumer Goods and Activities*, Indiana University Press.（=1990, 小池和子訳『文化と消費とシンボルと』勁草書房。）

McLuhan, M., 1964, *Understanding Media: The Extensions of Man*, Signet.（=1987, 栗原裕・河本仲聖訳『メディア論——人間の拡張の諸相』みすず書房。）

Menger, C., 1883, "Untersuchungen über die Methode der Sozialwissenschaften und der politischen Ökonomie insbesondere" *Gesammelte Werke*, J. C. B. Mohr.（=1986, 福井考治・吉田昇三訳『経済学の方法』日本経済評論社。）

Micheletti, M., 2003, *Political Virtue and Shopping: Individuals, Consumerism, and Collective Action*, New York: Palgrave Macmillan.

三上剛史, 2010,『社会の思考——リスクと監視と個人化』学文社。

Miles, S., 1998, *Consumerism: As a Way of Life*, Sage.

美馬達哉, 2012,「リスク社会1986/2011」『現代思想』40(4): 238-245。

三浦展, 2012,『第四の消費——つながりを生み出す社会へ』朝日新聞出版。

宮島喬, 1980,「社会意識の変化——プライヴァタイゼーションとの関連で」寿里茂編『変動の時代5 文化の変動』朝倉書店, 123-167。

水原俊博・寺島拓幸, 2011,「消費主義者は選挙に行ったか？——市民=消費者と政治的シティズンシップ」『年報社会学論集』24: 204-213。

森岡清志編, 2000,『都市社会のパーソナルネットワーク』東京大学出版会。

―――編, 2002,『パーソナルネットワークの構造と変容』東京都立大学出版会。

村上泰亮, 1975,『産業社会の病理』中央公論社。

―――, 1984, 『新中間大衆の時代――戦後日本の解剖学』中央公論社。
長坂寿久, 2009, 『世界と日本のフェアトレード市場』明石書店。
内閣府, 2014, 「国民生活に関する世論調査」, 内閣府ホームページ, (2014年12月21日取得, http://survey.gov-online.go.jp/h26/h26-life/2-1.html)。
―――編, 2009, 『平成20年版国民生活白書 消費者市民社会への展望――ゆとりと成熟した社会構築に向けて』時事画報社。
中井美樹, 2011, 「消費からみるライフスタイル格差の諸相」佐藤嘉倫・尾嶋史章編『現代の階層社会1 格差と多様性』東京大学出版会, 221-236。
中山竜一, 2004, 「リスク社会における法と自己決定」田中成明編『現代法の展望――自己決定の諸相』有斐閣, 253-280。
難波功士, 2003, 「階級文化をめぐって」『関西学院大学社会学部紀要』95: 217-225。
日本貿易振興機構, 2006, 「環境と健康に配慮した消費者及び商品・サービス市場」『ジャパニーズ・マーケット・レポート』78, 日本貿易振興機構。
尾高邦雄編, 1958, 『職業と階層』毎日新聞社。
小沢雅子, 1985, 『新「階層消費」の時代――消費市場をとらえるニューコンセプト』日本経済新聞社。
Parsons, T., 1964, *Social Structure and Personality*, Free Press. (＝2011, 武田良三監訳『社会構造とパーソナリティ〔新装版〕』新泉社。)
Ransom, D., 2001, *The No-nonsense Guide to Fair Trade*, Oxford: New Internationalist Publication. (＝2004, 市橋秀夫訳『フェアトレードとは何か』青土社。)
Reich, R. B., 2000, *The Future of Success*, Knopf. (＝2002, 清家篤訳『勝者の代償――ニューエコノミーの深淵と未来』東洋経済新報社。)
Renn, O., 1992, "Concepts of Risk: A Classification," S. Krimski and D. Golding eds., *Social Theories of Risk*, Praeger, 53-79.
Riesman, D., 1961, *The Lonely Crowd: A Study of the Changing American Character*, Yale University Press. (＝1964, 加藤秀俊訳『孤独な群衆』みすず書房。)
―――, 1964, *Abundance for What? And Other Essays*, Doubleday. (＝1968, 加藤秀俊訳『何のための豊かさ』みすず書房。)
Ritzer, G., [1999] 2005, *Enchanting a Disenchanted World: Revolutionizing the Means of Consumption*, 2nd ed., Pine Forge Press. (＝2009, 山本徹夫・坂田恵美訳『消費社会の魔術的体系――ディズニーワールドからサイバーモールま

で』明石書店。)

酒井泰弘, 2010,『リスクの経済思想 (滋賀大学リスク研究センター叢書)』ミネルヴァ書房。

Sassatelli, R., 2006, "Virtue, Responsibility and Consumer Choice: Framing Critical Comsumerism," J. Brewer and F. Trentmann eds. *Consuming Cultures: Global Perspectives: Historical Trajectories, Transmational Exchanges*, Berg, 219-250.

Schor, J. B., 1998, *Overspent American: Upscaling, Downshifting, and the New Consumer*, Basic Books. (=2000, 森岡孝二監訳『浪費するアメリカ人――なぜ要らないものまで欲しがるか』岩波書店。)

――――, 2010, *Plenitude: The New Economics of True Wealth*, Penguin. (=2011, 森岡孝二監訳『プレニテュード――新しい〈豊かさ〉の経済学』岩波書店。)

Sennett, R., 1974, *The Fall of Public Man*, Cambridge University Press. (=1991, 北山克彦・高階悟訳『公共性の喪失』晶文社。)

Shaw, D., T. Newholm and R. Dickinson, 2006, "Consumption as Voting: An Exploration of Consumer Empowerment," *European Journal of Marketing*, 40 (9/10): 1049-1067.

Simmel, G., 1911, *Philosophische Kultur: Gesammelte Essais*. (=1976, 円子修平・大久保健治訳『文化の哲学 (ジンメル著作集7)』白水社。)

――――, 1903, "Die Grossstädte und das Geistesleben in Brucke und Tur: Essays des Philosophen zur Geschichte, Religion, Kunst und Gesellschaft," *Jahrbuck der Gohestittung*, IX. (=1976, 居安正訳「大都市と精神生活」『橋と扉 (ジンメル著作集 12)』白水社。)

Soper, K., 2007, "Re-thinking the `Good Life': The Citizenship Dimension of Consumer Disaffection with Consumerism," *Journal of Consumer Culture*, 7 (2): 205-229.

―――― and F. Trentmann, 2008, "Introduction," K. Soper and F. Trentmann eds., *Citizenship and Consumption*, Palgrave Macmillan, 1-16.

Sorokin, P. A., 1927, *Social Mobility*, Harper & Row.

杦本育生, 2006,『グリーンコンシューマー――世界をエコにする買い物のススメ』昭和堂。

橘木俊詔, 1998,『日本の経済格差――所得と資産から考える』岩波書店。

武川正吾, 2007,『連帯と承認――グローバル化と個人化のなかの福祉国家』東京

大学出版会。

田中義久，1974，『私生活主義批判——人間的自然の復権を求めて』筑摩書房。

寺島拓幸，2010，「消費主義と環境配慮——買い物好きは環境問題に関心があるか？」『文京学院大学人間学部研究紀要』12: 211-222。

―――，2011，「消費主義は環境行動を阻害するか？——首都圏消費者調査による検討」『経済社会学会年報』33: 56-66。

―――，2012a，「エコ消費——現代消費社会における環境配慮」『季刊家計経済研究』95: 26-37。

―――，2012b，「消費主義の実証分析に向けて」『季刊個人金融』7(3): 60-68。

―――，2013，「グリーンコンシューマリズムの現状——高まる環境保護意識と通底する消費主義の狭間で」『ポスト・グローバル消費社会の動態分析——脱物質主義化を中心として』2010-2012年度科学研究費補助金（基盤研究（B））研究成果報告書，立教大学，19-32。

富永健一，1986，『社会学原理』岩波書店。

―――編，1979，『日本の階層構造』東京大学出版会。

Trentmann, F., 2007, "Citizenship and Consumption," *Journal of Consumer Culture*, 7(2): 147-158.

上杉正幸，2008，『健康不安の社会学——健康社会のパラドックス 改訂版』世界思想社。

Varul, M. Z., 2008, "Ethical Selving in Cultural Context: Fair Trade Consumption as an Everyday Ethical Practice in the UK and Germany," presented paper of 3th Fair Trade International Symposium.

Veblen, T., 1899, *The Theory of the Leisure Class,* Macmillan.（=1998，高哲男訳『有閑階級の理論』筑摩書房。）

渡辺龍也，2010，『フェアトレード学——私たちが創る新経済秩序』新評論。

Weber, M., [1905] 1920, "Die protestantische Ethik und der≫Geist≪des Kapitalismus," *Gesammelte Aufsätze zur Religionssoziologie,* Band 1, J. C. B. Mohr.（=1989，大塚久雄訳『プロテスタンティズムの倫理と資本主義の精神』岩波書店。）

Wellman, B., 1979, "The Community Question: The Intimate Networks of East Yorkers," *American Journal of Sociology,* 84 (March): 1201-1231.（=2006，野沢慎司・立山徳子訳「コミュニティ問題——イースト・ヨーク住民の親密なネットワーク」野沢慎司編・監訳『リーディングスネットワーク論——家族・

コミュニティ・社会関係資本』勁草書房, 159-200。)
Whyte, W. F., 1945, *Street Corner Society*: *The Social Structure of an Italian slum*, University of Chicago Press. (＝2000, 奥田道大・有里典三訳『ストリート・コーナー・ソサエティ』有斐閣。)
Wirth, L., 1938, "Urbanism as a Way of Life," *American Journal of Sociology*, 44 (1): 1-24. (＝1978, 高橋勇悦訳「生活様式としてのアーバニズム」鈴木広編訳『都市化の社会学〔増補版〕』誠信書房, 127-147。)
矢部拓也, 2004,「都市への定住とネットワークづくり」松本康編『東京で暮らす――都市社会構造と社会意識』東京都立大学出版会, 73-92。
Yankelovich, D., 1981, *New Rules: Searching for Self-Fulfillment in a World Turned Upside Down*, Random House. (＝1982, 板坂元訳『ニュールール』三笠書房。)
安田三郎・原純輔, 1984,『社会調査ハンドブック〔第3版〕』有斐閣。
Young, J., 1999, *The Exclusive Society: Social Exclusion, Crime and Difference in Late Modernity*, Sage. (＝2007, 青木秀男・伊藤泰郎・岸政彦・村澤真保呂訳『排除型社会――後期近代における犯罪・雇用・差異』洛北出版。)
Zablocki, B. D., and R. M. Kanter, 1976, "The Differentiation of Life-styles," *Annual Review of Sociology*, 2: 269-298.
Zukin, S., 2004, *Point of Purchase: How Shopping Changed American Culture*, Routledge.

あ と が き

　本書は科学研究費補助金基盤研究B（研究課題番号：22330160）の助成を受けて行った消費社会，消費文化に関する実証研究，理論研究の成果の一部である。実証研究については，本書の執筆者が参加しているグローバル消費文化研究会が，2010年に東京首都圏で実施した大規模質問紙調査によって収集したデータを用いた。なお，これまで，本研究会は2004, 2005, 2007, 2010年に首都圏で大規模質問紙調査を行ってきた。また，2014年には中国の上海地域において質問紙調査を呉金海氏（華東師範大学）と共同で敢行した。

　消費社会学やそれに関連する分野では従来，文献研究，ドキュメント分析，事例研究，理論研究によって，多様な主張がなされてきた。当初の私たちの関心はそれらの主張について，社会調査データを用いた統計的分析をとおして検討することであった。実際，記号論的消費社会論（J. Baudrillard），マクドナルド化論（G. Ritzer）などの妥当性について，批判的な検討を行い，少なくない知見を得てきたと自負している。

　そして，近年は，従来いわれてきたこととは異なり，消費者は家庭など私的領域に内閉して，自己防衛が目的であるかはともかくとして，快楽的な消費に耽り，公共的な関心を喪失していくとは必ずしもいえない。むしろ，市民＝消費者（citizen-consumer）として，消費をとおして，たとえば，環境に配慮し，倫理的な価値を追求し，途上地域の経済生活に貢献し，政治的な意見表明を行い，あるいは地域貢献することに，少なからず関心が集まってきている。私たちはこうした消費社会の一過性とは考えにくい新たな趨勢，すなわち，消費社会の新潮流に注目し，2010年調査を実施して検討を試みたのである。本書はその成果といってよい。ただし，こうした趨勢にいち早く注目し，それを「第三の消費文化」として捉え，研究をリードしてきた本書の編者である間々田孝夫による研究成果は，本書に収められていない。私事により，本書の元となった報告書の執筆がかなわず，研究成果は後に学術誌で論文として発表され，本

書の出版助成の対象にはならなかったためである。学術誌で発表された間々田による論文は以下のとおりであり，そこでは，モノと人間，自然環境，社会，生活環境との良好な関係を重視し，消費の質的向上を追求する「真物質主義」について検討されている。

間々田孝夫・遠藤智世，2014,「『真物質主義』の担い手は誰か」『応用社会学研究』56: 47-61.

なお，本書で用いた2010年調査データ，さらに，2007年調査データは，立教大学社会情報教育研究センターのデータアーカイブ RUDA で公開されている。私たちは，これらの調査データを他の研究者に利用していただき，本書の統計的分析では使いきれていない変数を用いるなどして積極的に2次分析が試みられることで，本書の内容が再吟味され，消費社会，消費文化についてあらたな知見が得られ，研究がさらに発展していくことを期待している。

ところで，現代の個人化社会のもとでは，消費行動におけるリスク管理が消費者にとって重要な課題となっていると考えられる。しかしながら，そうした事態は，消費社会，消費文化研究で，これまで依拠されてきた記号論 (J. Baudrillard)，ヘゲモニー論 (A. Gramsci)，合理化論 (M. Weber) などでは十分に説明することは難しいといえよう。そのため，私たちの研究会では，現代の社会学で重用されるリスク概念を消費社会学に導入し，検討する理論研究にも取り組んできた。その成果の一部は本書にも収められている。消費社会学の理論研究についてさらにいえば，先述した消費社会の新潮流は，従来の社会理論では十分に説明できるとはいえず，さらなる理論研究が求められているといえよう。これは私たちの研究会の今後取り組むべき重要な課題でもある。

さて，私たちの研究会の現在の主要な活動と今後の展望について簡単に述べておくと，現在，上海地域と東京首都圏をフィールドとした国際比較調査研究の準備を進めている。2010年調査以降，日本国内では東日本大震災が起こり，他方，上海ではすでに先進地域と見まがうほどの消費文化が定着する一方，大気汚染，鳥インフルエンザといった感染病などの問題が発生している。消費者の意識や行動に大きな影響をあたえると考えられるこうした未曾有の「出来

事」を経験した両地域の消費社会，消費文化の態様，潮流にはどのような特徴，違いがあるのだろうか。さらに，その背景にはどのような社会的，文化的要因があるのだろうか。私たちの研究会では，社会調査データの統計的分析をとおして，これらについて検討したいと考えている。

　私たちの研究は，日本社会学会，関東社会学会，経済社会学会などの大会報告，学会誌への論文投稿，所属する大学の研究会などでの研究発表などをとおして鍛えられてきた。これまで貴重なコメントを寄せてくださった多くの方々に，この場を借りて厚くお礼申しあげる。さらに，私たちの研究成果を本書にまとめる機会をあたえてくださった出版助成制度を設立された立教大学と立教大学出版会に衷心より感謝申しあげる。

　　　2014年10月

　　　　　　　　　　　　　　　　　　　　　　　　　　　水原俊博

事項索引

● アルファベット

CASMIN 分類　72
FLO（国際フェアトレード・ラベル機構）
　8
SSM 職業大分類　71
SSM 調査　47

● あ 行

新しい消費手段　12
アーバニズムの下位文化理論　83
イギリス国際開発庁（DFID）　9
依存効果　66
因子分析　29, 31, 37, 57, 69
エシカルコンシューマリズム　1
遠距離友人数　85-89, 91, 92
おしゃれ志向　30, 32, 58, 85, 89, 91-94

● か 行

階　層　4, 68-77
階層消費論　68
階層分化　68, 70
下位文化　68, 83, 95
格差社会　67, 70
賢い消費者　31, 35, 58
監　視　138
危　険　102-104, 118-125, 127
記号価値　80, 82
記号／差異化消費　54, 59, 63, 65

帰責意識　118, 120, 122-125, 129, 130
共分散分析　74, 75
距離別の友人数　81, 89, 91, 93
近距離友人数　84, 86-89, 91, 92
グリーンコンシューマー 10 原則　23, 24
グリーンコンシューマー全国ネットワーク
　23, 37
グリーンコンシューマリズム　1, 3, 23, 24, 26-29, 33-38
グローバル化　2, 102
権威主義　47-49
顕示的消費　12, 24, 25, 36, 68
郊外の拡大　79, 94
公共意識　10, 41, 44-46, 49, 50
公共行動　41, 44-46, 49, 50
公共的消費　39, 40
合理化　166
抗リスク消費　4, 5, 65, 97-103, 105, 107, 109-116, 118, 121, 125-130
合理的消費　31, 34, 36-38, 58, 59, 61, 63, 64
個人化　100, 102-105, 112, 123, 124, 166
個性化の欲求　80, 81
コト消費　2

● さ 行

ジェンダー　62
私　化　40, 51, 52
視覚的消費　32, 34, 36, 58-61, 63, 65
自己実現欲求　18-20, 22
自己充足的消費　98-100, 112, 113

事項索引

システム信頼　121, 125, 129, 131
私生活　40
私生活化　52-56, 59, 63-66
シティズンシップ　54, 59, 60, 63-65
私的消費　39, 52
私民　55, 65
市民＝消費者　55, 65, 165
市民的消費者　11, 14
社会移動　68
社会運動　25
社会階層　67-71, 73, 77, 78
社会的消費　4, 12, 39, 41, 42, 44, 46-49, 51, 64, 65
社会的消費意識　41-49, 51
社会的消費行動　41, 43, 45-51
社会的消費者　41, 51
重回帰分析　38, 48-50, 59, 60, 78, 85, 87, 89, 91
主成分分析　42, 73, 78
準近距離友人数　85-89, 91
使用価値　82
象徴的消費　127, 131
消費記号論　1, 131
消費者運動　9, 19, 22
消費社会　82
消費社会研究　131
消費社会論　29, 81
消費者セグメンテーション　69, 70
消費主義　4, 8, 9, 11, 12, 14, 19-21, 23-26, 28, 34-37, 53-55, 59, 60, 63-65, 137
消費主義尺度　29, 31, 33, 35, 37, 38, 57, 59-61, 63, 64
消費主義的態度　22, 36, 55, 57-60, 63, 64
消費水準　24, 67, 69, 70, 73, 74, 76, 77
消費の志向　80-82, 84, 86, 87, 89, 91-95
消費ライフスタイル　69, 77
ショッピング志向消費　31, 34, 36, 58-61
身体装飾　80

真物質主義　12, 14, 18-20, 82, 137, 166
スタンダード・パッケージ　82
スローフード　40
スローライフ　40
成層化　68
創造的労働　73, 74, 77

● た 行

対抗経済　18, 19
第三の消費文化論　82
大衆消費文化　82
脱物質主義　18, 20, 47-51, 64, 82, 137
脱物質主義化　2, 3, 138
多摩田園都市構想　79
多様化する消費生活に関する調査　3, 9, 26, 41, 55, 133
地球環境問題　1, 122
地産地消　36
中距離友人数　85, 86, 88, 89, 91-95
チョコレボ実行委員会　10, 21
等価世帯収入　70
等価世帯年収　29, 30, 34
同調志向　30-32, 57, 58, 85, 86, 89-91

● な 行

内閣府　10, 21, 24, 26, 99
内部指向　107-111
ナルシシズム　100, 107, 109-111
日本貿易振興機構　10, 17

● は 行

ハイブリッド化　2
バブル経済期　80
非場所性　138
品質志向　35, 38

品質志向消費　32, 34, 36, 54, 58-61, 63, 64
ファストファッション　26
フェアトレード　3, 7-10, 12-22, 27, 40, 42
不確実性　102, 109, 118, 119, 124, 127, 128, 130
物質主義　48, 82
ブランド志向　4, 30-32, 58
ブランド・メーカー志向　85, 89, 91-93
ポアソン回帰分析　29, 33, 34
ポスト・グローバル化　3
ポスト・グローバル消費社会　138

● ま・や 行

マクドナルド化　2, 137, 165
模倣現象　80, 81
友人総数　84, 86-89
友人ネットワーク　83

● ら 行

ライフスタイル　12, 14, 16, 18-20, 30, 32, 35-37, 58, 80, 83, 84, 103
　──の形成　18
　──の構築　12, 14, 17, 19
利　己　20, 22, 40
リスク　2, 4, 5, 64, 97-102, 104-106, 109-113, 115-131, 138, 166
利　他　13, 17, 18, 20, 22
流　行　14, 16, 18, 30, 58, 80, 81, 85, 89, 92
流行志向　30-32, 57, 58, 85, 89-92
流体的近代　113
倫理的消費　7-12, 17-20, 22
ロジスティック回帰分析　15, 16, 38, 59, 61-63
ロハス　10, 13, 17, 40, 112

● わ 行

若者の消費離れ　2
話題性志向　35
話題性志向消費　31, 34, 57, 59-61, 63, 65

人名索引

● A〜E

Baudrillard, J.　29, 52, 80-82, 165, 166
Bauman, Z.　111, 113, 114
Beck, U.　100-103, 111
Bell, D.　69, 70
Bourdieu, P.　78
Douglas, M.　131
Durkheim, É.　102, 103

● F〜J

Fischer, C. S.　83, 84
Florida, R.　78
Freud, S.　105
Gabriel, Y.　24, 37
Galbraith, J. K.　39, 40, 66
Giddens, A.　105
Goldstein, K.　105
Goldthorpe, J. H.　72
Hailes, J.　23, 37
Horney, K.　105
今田高俊　69
Jackson, T.　26

● K〜O

Kierkegaard, S.　105
Knight, F. H.　118, 119
Lang, T.　24, 37
Luhmann, N.　100, 104, 116, 118-121, 123-125, 131
Lupton, D.　131
間々田孝夫　12, 14, 41, 53, 66, 69, 81, 82, 112, 133, 138, 165, 166
Mansvelt, J.　37
McCracken, G.　29
Menger, C.　22
Micheletti, M.　11
三浦展　98
宮島喬　51
村上泰亮　69, 70, 98

● P〜T

Parsons, T.　113
Reich, R. B.　68, 77
Riesman, D.　81, 82, 107, 108
Ritzer, G.　1, 29, 165
酒井泰弘　118, 119
Sassatelli, R.　12, 18
Schor, J. B.　26, 29, 77
Sennett, R.　100, 107-110
Soper, K.　12, 14, 17, 18
Sorokin, P. A.　68
橘木俊詔　67
富永健一　68, 77
Trentmann, F.　11, 14, 54, 55

● U〜Z

Varul, M. Z.　12
Veblen, T.　77

Weber, M.   107, 108, 166
Wildavsky, A.   131
Wirth, L.   82, 83

Yankelovich, D.   98
Young, J.   100
Zukin, S.   29

編者紹介

間々田孝夫(ままだ　たかお)

1952 年　富山県生まれ
1979 年　東京大学大学院社会学研究科博士課程単位取得退学
現　在　立教大学社会学部教授

著　書　『行動理論の再構成——心理主義と客観主義を超えて』福村出版，1991 年。
　　　　『消費社会論』有斐閣，2000 年。
　　　　『消費社会のゆくえ——記号消費と脱物質主義』有斐閣，2005 年。
　　　　『第三の消費文化論——モダンでもポストでもなく』ミネルヴァ書房，2007 年。
　　　　その他編著書，論文多数。

消費社会の新潮流(ニューウェーヴ)——ソーシャルな視点　リスクへの対応

New Waves in Consumer Society: Social Perspectives, Response to Risks

2015 年 3 月 30 日　初版第 1 刷発行

編　者　　間々田　孝夫

発行所　　立教大学出版会
　　　　　171-8501 東京都豊島区西池袋 3 丁目 34-1
　　　　　　　　　電話 (03)3985-2610
　　　　　　　e-mail　rikkyo-press@rikkyo.ac.jp

RIKKYO UNIVERSITY PRESS

発売所　　株式会社 有　斐　閣
　　　　　101-0051 東京都千代田区神田神保町 2-17
　　　　　　　　　電話 (03)3265-6811〔営業〕
　　　　　　　http://www.yuhikaku.co.jp/

編集・制作　株式会社 有斐閣アカデミア
　　　　　101-0051 東京都千代田区神田神保町 2-17
　　　　　　　　　電話 (03)3263-4750
　　　　　　　e-mail　academia@yuhikaku-academia.co.jp

印刷／製本・大日本法令印刷株式会社
©2015, Takao MAMADA. Printed in Japan
落丁・乱丁本はお取替えいたします。
★定価はカバーに表示してあります。
ISBN 978-4-901988-27-8

JCOPY　本書の無断複写(コピー)は，著作権法上での例外を除き，禁じられています。複写される場合は，そのつど事前に，(社)出版者著作権管理機構(電話03-3513-6969，FAX03-3513-6979，e-mail:info@jcopy.or.jp)の許諾を得てください。

本書のコピー，スキャン，デジタル化等の無断複製は著作権法上での例外を除き禁じられています。本書を代行業者等の第三者に依頼してスキャンやデジタル化することは，たとえ個人や家庭内での利用でも著作権法違反です。